T0129749

essentials

essentials liefern aktuelles Wissen in konzentrierter Form. Die Essenz dessen, worauf es als „State-of-the-Art" in der gegenwärtigen Fachdiskussion oder in der Praxis ankommt. *essentials* informieren schnell, unkompliziert und verständlich

- als Einführung in ein aktuelles Thema aus Ihrem Fachgebiet
- als Einstieg in ein für Sie noch unbekanntes Themenfeld
- als Einblick, um zum Thema mitreden zu können

Die Bücher in elektronischer und gedruckter Form bringen das Expertenwissen von Springer-Fachautoren kompakt zur Darstellung. Sie sind besonders für die Nutzung als eBook auf Tablet-PCs, eBook-Readern und Smartphones geeignet. *essentials:* Wissensbausteine aus den Wirtschafts-, Sozial- und Geisteswissenschaften, aus Technik und Naturwissenschaften sowie aus Medizin, Psychologie und Gesundheitsberufen. Von renommierten Autoren aller Springer-Verlagsmarken.

Weitere Bände in der Reihe http://www.springer.com/series/13088

Jens Jensen

Die Institutsvergütungs-verordnung 3.0

Eine Analyse im Licht des Betriebsverfassungsgesetzes

Dr. Jens Jensen
Fachanwalt für Arbeitsrecht
Frankfurt am Main, Deutschland

ISSN 2197-6708   ISSN 2197-6716   (electronic)
essentials
ISBN 978-3-658-19597-7   ISBN 978-3-658-19598-4   (eBook)
DOI 10.1007/978-3-658-19598-4

Die Deutsche Nationalbibliothek verzeichnet diese Publikation in der Deutschen Nationalbibliografie; detaillierte bibliografische Daten sind im Internet über http://dnb.d-nb.de abrufbar.

Springer Gabler
© Springer Fachmedien Wiesbaden GmbH 2018
Gedruckt auf säurefreiem und chlorfrei gebleichtem Papier

Springer Gabler ist Teil von Springer Nature
Die eingetragene Gesellschaft ist Springer Fachmedien Wiesbaden GmbH
Die Anschrift der Gesellschaft ist: Abraham-Lincoln-Str. 46, 65189 Wiesbaden, Germany

Was Sie in diesem *essential* finden können

- Die IVV 3.0 aus Sicht des Arbeitsrechts mit Schwerpunkt auf das BetrVG
- Die Bedeutung des Rechtsdienstleistungsgesetzes bei Hinzuziehung externer Berater

Vorwort

Vergütungssysteme sind – branchenunabhängig – zunächst einmal eine im Wesentlichen arbeitsrechtliche Materie. Betroffen ist auf individueller Ebene das Verhältnis zwischen dem Arbeitgeber und dem einzelnen Arbeitnehmer. Überall dort, wo es Arbeitnehmervertretungen gibt, sei es in Gestalt von Betriebsratsgremien oder Personalvertretungen, wird die individualarbeitsrechtliche Ebene unter Beachtung des im Eingangssatz von § 87 Abs. 1 BetrVG angeordneten Gesetzes- und Tarifvorranges von der betrieblichen Mitbestimmung überlagert. Die betriebliche Mitbestimmung hat dabei sowohl Implikationen im Verhältnis zwischen dem Arbeitgeber und den Mitarbeitervertretungen als auch im Verhältnis zwischen dem Arbeitgeber und seinen Arbeitnehmern als Kollektiv.

Diese bereits für sich genommen komplexe Gemengelage, die wesentlich durch das BetrVG und die nicht immer stringente Rechtsprechung des Bundesarbeitsgerichts geprägt ist, wird bei Instituten, die dem Geltungsbereich des KWG unterliegen, seit dem Jahr 2010 zudem durch die IVV überlagert.

Das Aufsichtsrecht und das Arbeitsrecht miteinander in Einklang zu bringen, ist eine knifflige und juristisch höchst anspruchsvolle Aufgabe. Grund dafür ist, dass das Bankenaufsichtsrecht anders als das Arbeitsrecht keine unmittelbare Wirkung im Verhältnis zwischen Institut und seinen Mitarbeitern bzw. Arbeitnehmervertretungen entfaltet, sondern es Institute nur gegenüber dem Staat verpflichtet, die Vorgaben der IVV im Verhältnis zur Belegschaft umzusetzen. Die Vorgaben der IVV können daher nur mittelbar Niederschlag auf die arbeitsrechtliche Ebene finden, vor allem infolge des Betreibens der Institute auf tatsächlicher Ebene.

Literatur, die sich mit dem Ineinandergreifen von Aufsichtsrecht und Arbeitsrecht beschäftigt, ist rar geblieben. Rechtsprechung der Arbeitsgerichte, in denen die IVV eine tragende Rolle spielt, gibt es bis heute keine. Dasselbe gilt für

Fachbeiträge, die sich mit dem Verhältnis zwischen der IVV und dem Kollektiv-
arbeitsrecht in mehr als nur einer Randbemerkung beschäftigen.
Letzteres soll sich anlässlich des Erlasses der IVV 3.0 am 3. August 2017 in
Gestalt dieses *essentials* jedoch ändern!

Für wohlwollend-kritische Anregungen aus der Leserschaft an Instituts-
VergV@gmail.com bin ich stets dankbar.

Gerne heiße ich Sie auch in der von mir moderierten Xing-Gruppe „Institutsvergütungsverordnung 3.0" willkommen!

Wiesbaden   Jens Jensen
im August 2017

Inhaltsverzeichnis

Einleitung

Dieses *essential* beschäftigt sich im Wesentlichen mit den Schnittstellen zwischen dem kollektiven Arbeitsrecht und dem Aufsichtsrecht, die mit Erlass der IVV 3.0 nochmals zahlreicher und vor allem auch komplexer geworden sind. Die diesbezüglichen Kernüberlegungen finden sich in Kap. 12 sowie, was die personelle Reichweite der betrieblichen Mitbestimmung anbelangt, in Kap. 5 und Abschn. 13.2.

Schon allein formatbedingt kann dieses Werk keinen Anspruch auf Vollständigkeit erheben. Dies gilt zunächst für die Vorschriften der IVV selbst, vor allem aber für die Auslegungshilfe, die im Umfang und in der Regelungstiefe aus allen Fugen geraten scheint.

Soweit dieses *essential* inhaltlich auf die IVV eingeht, beschränken sich die Darstellungen zumeist auf die Änderungen, welche die IVV 3.0 im Verhältnis zur bisherigen Fassung der Verordnung vom 16. Dezember 2013, der IVV 2.0, mit sich bringt. Dabei orientiert sich der Autor im Wesentlichen an der Gliederung der Verordnung. Dieses *essential* mag daher auch als betriebsverfassungsrechtlicher Handkommentar zur IVV 3.0 dienen, der eine anwaltliche Beratung freilich nicht ersetzen kann.

Soweit auf die Auslegungshilfe eingegangen wird, ist damit der Entwurf der Auslegungshilfe gemeint, der zusammen mit der Konsultationsfassung der IVV am 10. August 2016 veröffentlicht wurde. Die finale Auslegungshilfe lag zum Zeitpunkt der Einreichung des Manuskripts nämlich immer noch nicht vor.

Ausführungen zu Vorschriften betreffend die Vergütungsgovernance und betreffend Offenlegungspflichten hätten die verlagsseitigen Vorgaben zum Umfang dieses *essentials* gesprengt. Sie sind arbeitsrechtlich ohnehin weitestgehend irrelevant.

J. Jensen, *Die Institutsvergütungsverordnung 3.0,* essentials,
DOI 10.1007/978-3-658-19598-4_1

Wegen der Aktualität der Debatte schließt dieses Werk mit einem eigenen Kapitel zu der Frage, von welchen externen Beratern sich Institute in Bezug auf die Umsetzung aufsichtsrechtlicher Vorgaben im Vergütungsbereich mit Blick auf das Rechtsdienstleistungsgesetz beraten lassen sollten (Kap. 15).

§ 1 IVV: Der Anwendungsbereich der IVV

§ 1 Abs. 1 IVV ist weitestgehend unverändert geblieben. Es bleibt dabei, dass die IVV nur für Kredit- und Finanzdienstleistungsinstitute sowie auf inländische Zweigstellen von Drittstaaten-Unternehmen, die Bankgeschäft oder Finanzdienstleistungen betreiben, und für die Vergütungssysteme von deren Mitarbeitern unmittelbar anwendbar ist.

Die Vorschrift erfährt jedoch in Bezug auf inländische Institute eine dahin gehende Einschränkung, dass diese der IVV nur dann unterliegen, wenn auf sie § 25a KWG anwendbar ist. Damit gilt die IVV 3.0 weder für Kreditinstitute, die ausschließlich über eine Erlaubnis verfügen, die Tätigkeit einer zentralen Gegenpartei auszuüben (§ 2 Abs. 9a KWG), noch für Kreditinstitute, die ausschließlich Zentralverwahrung nach der Zentralverwahrerverordnung betreiben (§ 2 Abs. 9e KWG).

Der dritte Abschnitt der Verordnung, also die besonderen Anforderungen der §§ 17 bis 26 IVV, gelten nach § 1 Abs. 3 IVV unmittelbar weiterhin nur für bedeutende Institute.

Während § 1 Abs. 1 bis 3 IVV die unmittelbare Geltung der IVV regeln, gibt es auch Fälle der nur mittelbaren Anwendbarkeit. Von der mittelbaren Geltung sind nach § 27 Abs. 1 IVV nachgeordnete Unternehmen einer Institutsgruppe betroffen, für die nicht gemäß § 37 KAGB die Vergütungsbeschränkungen der AIFM- und OGAW-Richtlinie gelten, genauso aber auch nachgeordnete Unternehmen, die nicht in die unmittelbare Anwendung der IVV fallen, wobei für diese letztere Kategorie nachgeordneter Unternehmen die in § 1 Abs. 1 bis 3 IVV geregelten Bereichsausnahmen wiederum inzident angewandt werden können.

Von der unmittelbaren bzw. mittelbaren Geltung der IVV können Mitarbeiter im Inland genauso wie Mitarbeiter im Ausland – und zwar unabhängig von dem jeweils einschlägigen Arbeitsrechtsstatut – betroffen sein (so auch Annuß et al. 2016, Rn. 4 zu § 1 IVV).

© Springer Fachmedien Wiesbaden GmbH 2018
J. Jensen, *Die Institutsvergütungsverordnung 3.0*, essentials,
DOI 10.1007/978-3-658-19598-4_2

§ 2 Abs. 7 IVV: Der neue Mitarbeiterbegriff

Die IVV 3.0 regelt den Begriff des Mitarbeiters umfassend neu. § 2 Abs. 7 S. 1 IVV verweist zunächst auf den Arbeitnehmerbegriff des § 5 Abs. 1 ArbGG. Danach werden zusätzlich zu den bereits vom allgemeinen Arbeitnehmerbegriff umfassten Personen auch die zu ihrer Berufsausbildung Beschäftigten sowie sonstige Personen, die wegen ihrer wirtschaftlichen Unselbstständigkeit als arbeitnehmerähnliche Personen anzusehen sind, vom Mitarbeiterbegriff umfasst.

Praktische Schwierigkeiten dürften künftig die arbeitnehmerähnlichen Personen bereiten, die zwar wegen ihrer persönlicher Unabhängigkeit eigentlich selbstständig, aber wegen ihrer wirtschaftlichen Abhängigkeit schutzbedürftig sind und deshalb nach § 5 Abs. 1 ArbGG mit Arbeitnehmern gleich gestellt werden (BAG Beschluss vom 11. April 1997 – 5 AZB 33/96, NZA 1998, S. 499).

Eine dem Mitarbeiterbegriff der IVV unterfallende Person ist danach auch, wer hauptsächlich für ein Institut Dienste leistet und die daraus fließende Vergütung die Existenzgrundlage des Betreffenden darstellt (vgl. BAG Beschluss vom 21. Dezember 2010 – 10 AZB 14/10, NZA 2011, S. 309). Wesentlich für die Einordnung sind dabei normalerweise die Dauer der Rechtsbeziehung (BAG Urteil vom 17. Januar 2006 – 9 AZR 61/05, NZA-RR 2006, S. 616) und die Höhe der nach Abzug aller Kosten verbleibenden Gewinne (BAG Urteil vom 21. Juni 2011 – 9 AZR 820/09, NZA-RR 2012, S. 365). Weil die Erfassung von arbeitnehmerähnlichen Personen unter den Mitarbeiterbegriff der IVV vor allem eine Entgeltregulierung bedeutet, dürfte auf das Kriterium der Entgelthöhe für die Einordnung einer arbeitnehmerähnlichen Person als Mitarbeiter besonderes Gewicht zu legen sein.

Zu arbeitnehmerähnlichen Personen und Mitbestimmung Kap. 3.

© Springer Fachmedien Wiesbaden GmbH 2018
J. Jensen, *Die Institutsvergütungsverordnung 3.0*, essentials,
DOI 10.1007/978-3-658-19598-4_3

Die zur Vertretung einer juristischen Person oder Personengesamtheit berufenen Personen gelten nach § 5 Abs. 1 S. 3 ArbGG nicht als Arbeitnehmer und sind somit auch nicht über den Verweis in § 2 Abs. 7 S. 1 IVV erfasst. Sie werden nunmehr allerdings explizit gemäß § 2 Abs. 7 S. 2 IVV dem Mitarbeiterbegriff unterworfen. Damit wird die IVV letztlich an den Mitarbeiterbegriff der CRD IV-Richtlinie bzw. der EBA Guidelines angeglichen. Soweit die IVV nur Geschäftsleiter meint, wird dies in den jeweiligen Vorschriften wie beispielsweise in § 10 IVV ausdrücklich klargestellt.

Neuordnung der Vergütung 4

Die IVV 3.0 bringt eine grundlegende Neuordnung der unterschiedlichen Vergütungskategorien mit sich. Die IVV 2.0 differenzierte für Zwecke des § 25a Abs. 5 KWG noch zwischen fixer Vergütung, variabler Vergütung und Nichtvergütung, während Abfindungen für Zwecke des § 25a Abs. 5 KWG außen vor blieben. Nicht eindeutig klassifizierbare Vergütung schlug die IVV 2.0 im Zweifel der Fixvergütung zu.

Infolge Streichung des bisherigen letzten Satzes von § 2 Abs. 1 IVV gibt es – abgesehen von Aufmerksamkeiten, die unter die monatliche Freigrenze des § 8 Abs. 2 S. 11 Einkommensteuergesetz von 44€ fallen (§ 2 Abs. 1 Nr. 3 S. 2 IVV) – künftig nur noch fixe oder variable Vergütung, während die Kategorie der unberücksichtigt bleibenden Vergütungen wegfällt: Institutsweite, ermessensunabhängige Leistungen sind gemäß § 2 Abs. 6 S. 2 IVV künftig – genauso wie die Arbeitgeberanteile zur Sozialversicherung – Fixvergütung, vergrößern also den Spielraum in Bezug auf das Bonus-Cap des § 25a Abs. 5 KWG, während Abfindungen nunmehr gemäß § 5 Abs. 7 S. 1 IVV als variable Vergütung gelten.

Fortan nur noch von den beiden Kategorien der fixen und der variablen Vergütung auszugehen, wäre aber voreilig, weil die IVV 3.0 variable Vergütungen wiederum danach unterteilt, ob sie für Zwecke des § 25a Abs. 5 KWG heranzuziehen sind oder nicht.

4.1 § 2 Abs. 6 IVV: Die fixe Vergütung

Der Begriff der fixen Vergütung ist in § 2 Abs. 6 S. 1 IVV definiert, der weitestgehend selbsterklärend ist und vor allem das Bargehalt betrifft.

© Springer Fachmedien Wiesbaden GmbH 2018
J. Jensen, *Die Institutsvergütungsverordnung 3.0*, essentials,
DOI 10.1007/978-3-658-19598-4_4

4.1.1 Sozialversicherungsbeiträge, finanzielle Leistungen und Sachbezüge

Weitere Aufmerksamkeit verdient sodann § 2 Abs. 6 S. 2 IVV, der einmal Zahlungen in Erfüllung gesetzlicher Verpflichtungen – dies meint insbesondere den Arbeitgeberanteil zur Sozialversicherung – als Fixvergütung qualifiziert, aber auch vor ihrer Gewährung festgelegte, ermessensunabhängige finanzielle Leistungen oder Sachbezüge, sofern diese unter anderem an einen Großteil der Belegschaft bzw. an einen vorab definierten Mitarbeiterkreis gewährt werden und leistungsunabhängig sind. Der Entwurf der Auslegungshilfe nennt hier Kinderbetreuungseinrichtungen, die gemäß § 87 Abs. 1 Nr. 8 BetrVG der Mitbestimmung unterliegen können (BAG Beschluss vom 10. Februar 2009 – 1 ABR 94/07, NZA 2009, S. 562) und Leistungen der Gesundheitsvorsorge (siehe dazu Goepfert und Rottmeier 2015, S. 1912 ff.) als Beispiele.

4.1.2 Zahlungen aufgrund betrieblicher Übung

Ist ein Institut aufgrund einer betrieblichen Übung (vgl. dazu Jensen 2011, S. 225 ff.) etwa zur Gewährung eines Weihnachtsgelds in Höhe von einem Bruttomonatsgehalt verpflichtet, so lässt sich diese weder unter Satz 1 noch unter Satz 2 von § 2 Abs. 6 IVV subsumieren, weil eine betriebliche Übung erst durch ein wiederholtes, gleichbleibendes Verhalten des Arbeitgebers begründet und damit gerade nicht vorher festgelegt wurde. Sofern es sich um eine Verpflichtung in gleichbleibender und damit definierter Höhe handelt, wird man diese wohl aber trotzdem weiterhin der Fixvergütung zuschlagen können.

Soweit § 2 Abs. 6 S. 2 IVV die Qualifizierung einer finanziellen Leistung als Fixvergütung davon abhängig macht, dass diese nicht leistungsabhängig ist, dürfte dies rein aufsichtsrechtlich zu verstehen sein, weil arbeitsrechtlich die bloße Höhe einer Sonderzahlung ohne weiteres schon einen Leistungsbezug implizieren kann (BAG, Urteil vom 13. Mai 2015 – 10 AZR 266/14, NZA 2015, S. 992).

4.1.3 Auslands- und Funktionszulagen

Auslands- und Funktionszulagen gelten unter den in § 2 Abs. 6 S. 4, 5 IVV definierten Voraussetzungen künftig als fixe Vergütung.

Der Verordnungsgeber setzt dabei mit dem Erfordernis einer einheitlichen institutsweiten Regelung, die den Zulagen zugrunde liegen müssen, einen kollektiven Tatbestand voraus. Dies ist insofern relevant, als Auslands- und Funktionszulagen außerhalb von Einzelfallregelungen der zwingenden Mitbestimmung nach § 87 Abs. 1 Nr. 10 BetrVG unterliegen (vgl. BAG Urteil vom 30. Januar 1990 – 1 ABR 2/89, NZA 1990, S. 571). Das bedeutet für Institute mit Betriebsrat oder Personalvertretung, dass Auslands- und Funktionszulagen für Arbeitnehmer nur dann zur Fixvergütung gehören, wenn sie auf Grundlage einer Betriebs- bzw. Dienstvereinbarung gewährt werden, die nach § 2 Abs. 6 S. 5 Nr. 2 IVV auch die Höhe der Zulage nach vorbestimmten Kriterien regeln muss, während Zulagen an Geschäftsleiter, leitende Angestellte und arbeitnehmerähnliche Personen einheitlich durch das Institut geregelt werden können, wobei die Verteilung der Verantwortlichkeiten nach § 3 IVV zu beachten sind.

▷ § 11 Abs. 3 IVV sieht in Bezug auf Auslands- und Funktionszulagen auch aufsichtsrechtliche Dokumentationspflichten vor, wenn diese der fixen Vergütung zugeordnet werden sollen. § 11 Abs. 3 IVV wird dabei von dem Entwurf der Auslegungshilfe dahin gehend konkretisiert, dass die Dokumentation plausibel, umfassend und für Dritte nachvollziehbar sein muss.

4.2 § 2 Abs. 3 IVV: Die variable Vergütung

Nach § 2 Abs. 3 IVV ist variable Vergütung der Teil der Vergütung, der nicht fix im Sinne von § 2 Abs. 6 IVV ist, wobei nicht eindeutig zuordenbare Vergütungsbestandteile zur variablen Vergütung zählen.

Variable Vergütung unterliegt in Bezug auf ihre Höhe den Einschränkungen gemäß § 25a Abs. 5 KWG sowie gemäß § 6 und § 9 Abs. 2 IVV. Inhaltlich unterliegt variable Vergütung insbesondere den Beschränkungen des § 5 IVV.

4.3 Carried-Interest und Long Term Incentives

Der Entwurf der Auslegungshilfe zu § 2 IVV stellt klar, dass Erfolgsbeteiligungen im Rahmen von Carried-Interest-Modellen zur Vergütung gehören. Dabei sind aber nur diejenigen Zahlungen als variable Vergütung anzusehen und damit für Zwecke des § 25a Abs. 5 KWG relevant, die über eine anteilige Anlagerendite für die von diesen Mitarbeitern getätigten Anlagen hinausgehen. Nicht als

Vergütung gelten dagegen Leistungen, die Mitarbeiter, die gleichzeitig auch Anteilseigner des Instituts sind, für die Überlassung ihres Kapitals erhalten, soweit diese Leistungen keine Umgehung der Vergütungsregeln darstellen. Dagegen zählen Leistungen auf Grundlage von Long Term Incentive Plänen gemäß dem Entwurf der Auslegungshilfe zu § 2 IVV vollumfänglich zur variablen Vergütung, was regelmäßig auch der Realität entsprechen dürfte. Siehe dazu auch Abschn. 13.6.

4.4   § 5 Abs. 5 IVV: Garantierte variable Vergütung (Sign-On)

Zusätzlich zu den bisherigen Voraussetzungen darf eine variable Vergütung künftig nur garantiert werden, wenn die unmittelbar vorangegangene Tätigkeit des Mitarbeiters nicht in derselben Gruppe erfolgte (§ 5 Abs. 5 S. 1 IVV).

Im Falle von Risikoträgern stellt sich dabei die Frage, ob eine nach § 5 Abs. 5 IVV garantierte variable Vergütung nach Maßgabe von § 20 IVV zu gewähren, also insbesondere einer teilweisen Zurückbehaltung und Ex-Post-Risikoadjustierung unterliegen muss. Aus systematischen Erwägungen darf dies nicht der Fall sein, wie in § 5 Abs. 5 S. 2 IVV nunmehr auch klargestellt ist.

Begrüßenswert ist, dass eine garantierte variable Vergütung gemäß § 5 Abs. 5 S. 3 IVV für Zwecke des § 25a Abs. 5 KWG unberücksichtigt bleiben kann, wenn sie vor Beginn der Tätigkeit zugesagt worden ist. Damit stellt sich in Zukunft nicht mehr die Problematik mit dem Umgang von Sign-On Zahlungen, die bereits durch den punktuellen Abschluss des Arbeitsvertrags bzw. durch das punktuelle Ereignis des tatsächlichen Arbeitsantritts ausgelöst werden und denen für Zwecke des § 25a Abs. 5 KWG eine Fixvergütung, die ihrer Natur nach ja nicht punktuell, sondern laufend ist, nie sinnvoll gegenübergestellt werden konnte.

Zu Sign-On Zahlungen zum Ausgleich von (vermeintlich) verfallenen Bonusansprüchen des neuen Mitarbeiters bei seinem Vorarbeitgeber siehe Abschn. 13.6.

4.5   § 5 Abs. 7 IVV: Halte- und Treueprämien (Retention Boni)

Während garantierte variable Vergütungen der Mitarbeitergewinnung dienen und unter den Voraussetzungen von § 5 Abs. 5 IVV in der Regel ohne Probleme gewährt werden können, sollten zusätzliche variable Vergütungen in Gestalt von

Halte- und Treueprämien nach der überarbeiteten Konsultationsfassung vom 19. Januar 2017 nur ausnahmsweise zulässig; diese Einschränkung findet sich in der finalen Fassung von § 5 Abs. 7 IVV – zum Glück – nicht mehr. Der Entwurf der Auslegungshilfe konkretisiert die Verordnung dahin gehend, dass Halteprämien etwa in Restrukturierungssituationen, bei Abwicklungen oder im Falle von Kontrollwechseln genutzt werden können, aber auch in anderen Situationen, etwa um im Einzelfall einen abkehrwilligen Mitarbeiter zu halten (siehe dazu bereits Sammet 2013, S. 103 f.).

Anders als Sign-On Zahlungen sind Halteprämien für Zwecke des § 25a Abs. 5 KWG sehr wohl zu berücksichtigen, und zwar gemäß § 5 Abs. 7 S. 3 IVV entweder zeitanteilig oder mit dem Gesamtbetrag im Fälligkeitszeitpunkt.

Liegen die Voraussetzungen für eine Halteprämie nicht vor, insbesondere weil das Maximalverhältnis nach § 25a Abs. 5 KWG bereits durch die normale variable Vergütung ausgeschöpft ist, wird ein Institut einen abkehrwilligen Mitarbeiter im Zweifel nicht halten können, zumal dieser nach Aussprache einer Eigenkündigung mit Blick auf § 5 Abs. 5 S. 1 Nr. 2 IVV nicht unter Gewährung einer garantierten variablen Vergütung wieder neu angestellt werden kann, und zwar auch nicht bei einer anderen Gruppengesellschaft.

Aufgrund der ausdrücklichen Anordnung in § 5 Abs. 7 S. 4 IVV sind im Falle von Halteprämien an Risikoträger stets §§ 20 und 22 IVV zu beachten, nicht aber § 19 IVV.

Mitbestimmungsrelevant sind Halteprämien mit Blick auf § 87 Abs. 1 Nr. 10 BetrVG nicht nur bei Bestehen eines kollektiven Bezugs, also wenn eine Gruppe von Mitarbeitern begünstigt werden soll, sondern entgegen der Systematik des BetrVG auch dann, wenn etwa nur ein einzelner Mitarbeiter gehalten werden soll. Grund hierfür ist allein § 5 Abs. 7 S. 2 IVV: Sowohl die Vergütungsstrategie und die Vergütungssysteme nach § 4 IVV als auch der Bonuspools nach § 7 IVV, aus dem Halteprämien zu bedienen sind, unterliegen unter dem Aspekt der Verteilungsgrundsätze der zwingenden Mitbestimmung des Betriebsrats.

> ⫸ In Bezug auf eine zusätzliche variable Vergütung muss ein Institut gemäß dem Entwurf der Auslegungshilfe zu § 5 IVV in der Lage sein, sein Interesse an der Gewährung zu begründen. Dies impliziert eine Dokumentation schon im Gewährungszeitpunkt, sofern sich eine Dokumentationspflicht nicht bereits aus § 77 Abs. 2 S. 1 BetrVG ergibt. Ist die genaue Dauer des für die Halteprämie maßgeblichen Zeitraumes vorab nicht bekannt, sollte das Institut für Zwecke der Einhaltung der Obergrenze zwischen variabler und fixer Vergütung zudem einen plausiblen Zeitraum bestimmen und dessen Abwägung dokumentieren.

4.6   § 5 Abs. 6 IVV: Abfindungen

Die Vorschrift des § 5 Abs. 6 IVV, die Abfindungen und Karenzentschädigungen regelt und die gemäß § 1 Abs. 2 IVV nicht von Instituten beachtet zu werden braucht, die weder ein CRR-Institut noch bedeutend sind, beinhaltet zahlreiche Brüche, die gerade kollektivrechtlich relevant sind.

Der Begriff der Abfindung definiert dabei gemäß § 2 Abs. 5 IVV Vergütungen, die im Zusammenhang mit der vorzeitigen Beendigung von Arbeits-, Geschäftsbesorgungs- oder Dienstverhältnisses geleistet werden.

4.6.1   Nicht begünstigte Abfindungen

Abfindungen, die nicht unter die Aufzählung in § 5 Abs. 6 S. 5 Nr. 1 und Nr. 3 IVV fallen, müssen gemäß § 5 Abs. 6 S. 4 IVV dem Zeitverlauf Rechnung tragen und dürfen negative Erfolgsbeiträge oder Fehlverhalten nicht belohnen. Aus § 5 Abs. 6 S. 5 IVV lässt sich schließen, dass diese Abfindungen u. a. in den Anwendungsbereich des § 7 IVV fallen, also aus dem Gesamtbetrag aller variablen Vergütungen zu bedienen sind.

Aufgrund dieser Verknüpfung dürften Abfindungen, die nicht unter § 5 Abs. 6 S. 5 Nr. 1 und Nr. 3 IVV fallen, der zwingenden Mitbestimmung nach § 87 Abs. 1 Nr. 10 BetrVG unterliegen, weil ihre Gewährung das zur Verfügung stehende Volumen für Bonuszahlungen mindert und damit die mitbestimmungspflichtigen Verteilungsgrundsätze betreffen. Dies ist insofern bemerkenswert, als Abfindungen normalerweise nicht unter den betriebsverfassungsrechtlichen Lohnbegriff des § 87 Abs. 1 Nr. 10 BetrVG fallen und deshalb außerhalb von mitbestimmungspflichtigen Sozialplänen nach § 112 BetrVG nicht der Mitbestimmung unterliegen (Richard 2016, § 87 BetrVG Rdnr. 744).

Hier hat der Verordnungsgeber also einen Mitbestimmungstatbestand erstmalig geschaffen, was für sich genommen bereits bemerkenswert ist.

Noch bemerkenswerter ist allerdings, dass nicht begünstigte Abfindungen gemäß § 5 Abs. 6 S. 3 IVV im Einklang mit einem Rahmenkonzept nach § 11 Abs. 1 Nr. 3 IVV zu gewähren sind. Nach dieser letztgenannten Vorschrift müssen die Grundsätze zu den Vergütungssystemen in den Organisationsrichtlinien auch ein Rahmenkonzept zur Festlegung und Genehmigung von Abfindungen einschließlich einer klaren Zuordnung von Zuständigkeiten und Entscheidungsbefugnissen unter Einbeziehung der Kontrolleinheiten im Rahmen ihrer jeweiligen Zuständigkeiten enthalten. Von dem insoweit zwingend zu beteiligenden Betriebsrat ist dort allerdings keine Rede, was allerdings nicht dazu führt, dass die Materie der Mitbestimmung entrissen wäre. Das bedeutet konkret, dass in Instituten mit einer Mitarbeitervertretung eine Betriebs- bzw. Dienstvereinbarung zu nicht begünstigten Abfindungszahlungen zu schließen ist. Etwas anderes gilt nur für nicht begünstigte Abfindungen an Geschäftsleiter oder leitende Angestellte, weil diese beiden Mitarbeitergruppen nicht vom Betriebsrat präsentiert werden. Siehe dazu auch Kap. 5 und Abschn. 13.2.

Nicht begünstigte Abfindungen sind gemäß dem Entwurf der Auslegungshilfe zu § 6 IVV als variable Vergütung in die Berechnung des tatsächlichen Verhältnisses zwischen variabler und fixer Vergütung einzubeziehen, was die Höhe nicht begünstigter Abfindungen deutlich limitiert.

4.6.2 Begünstigte Abfindungen nach § 5 Abs. 6 S. 5 Nr. 1 IVV

Abfindungen im Sinne von § 5 Abs. 6 Satz 5 Nr. 1 und Nr. 3 IVV unterliegen dagegen nicht dem Anwendungsbereich von § 7 und § 20 IVV. Sie müssen auch nicht für Zwecke des § 25a Abs. 5 KWG berücksichtigt werden.

Mit Abfindungen, auf die ein gesetzlicher Anspruch besteht (§ 5 Abs. 6 S. 5 Nr. 1 lit. a IVV), können nur Abfindungen gemeint sein, die einem Mitarbeiter aus Anlass eines erfolgreichen Auflösungsantrags nach § 9 Abs. 1 KSchG zugesprochen werden. Hierbei handelt es sich um eine Sachverhaltskonstellation ohne jedwede praktische Relevanz.

Mit Abfindungen aufgrund eines Sozialplans gemäß § 112 Abs. 1 BetrVG (§ 5 Abs. 6 S. 5 Nr. 1 lit. b IVV) dürften unproblematisch auch Abfindungen aufgrund eines Rahmensozialplans – auch vorsorglicher oder freiwilliger Sozialplan genannt – umfasst sein (siehe dazu Willemsen 2013, S. 167).

Dasselbe dürfte für sogenannte Turboprämien gelten (siehe dazu eingehend Riesenhuber 2005, S. 1100 ff.), die früher regelmäßig in Sozialplänen geregelt waren, bis das Bundesarbeitsgericht dieser Praxis einen Riegel vorschob (BAG Urteil vom 31. Mai 2005 – 1 AZR 254/04, NZA 2005, S. 997). In Reaktion auf dieses Urteil werden Turboprämien heute regelmäßig in freiwilligen Betriebsvereinbarungen gemäß § 88 BetrVG geregelt.

Bemerkenswert ist, dass auch Abfindungen aufgrund eines rechtskräftigen Urteils oder – weitaus relevanter – aufgrund eines rechtskräftigen Prozessvergleichs begünstigt sind (§ 5 Abs. 6 S. 5 Nr. 1 lit. c IVV). Bemerkenswert deshalb, weil für die Begünstigung eine Bestandsschutzstreitigkeit – sprich: Kündigungsschutzklage – keine Voraussetzung ist. Das bedeutet praktisch, dass ein Rechtsstreit, der wegen einer vergleichsweisen Nichtigkeit angezettelt wurde

(z. B. Rechtsstreit über ein Zwischenzeugnis), ohne weiteres in einem Beendigungsvergleich münden kann, der eine Abfindungszahlung vorsieht, ohne dass
diese regulatorischen Beschränkungen unterliegt. Eigentlich hätte der Verordnungsgeber Abfindungen auch gleich insgesamt ungeregelt lassen könnten, weil
sich praktisch jeder Trennungsfall über § 5 Abs. 6 S. 5 Nr. 1c IVV regeln lässt.
Es bleibt abzuwarten, ob sich aus der finalen Auslegungshilfe insoweit aber noch
inhaltliche Restriktionen aus Sicht der BaFin ergeben.

Eine begünstigte Abfindung liegt schließlich auch dann vor, wenn im Fall
einer einvernehmlichen oder institutsseitigen betriebsbedingten Beendigung des
Vertragsverhältnisses oder bei Abwendung eines unmittelbar drohenden gerichtlichen Verfahrens ein Betrag nicht überschritten wird, der anhand einer vorher
in den Grundsätzen gemäß § 5 Abs. 6 S. 2 IVV festgelegten allgemeinen Formel
berechnet wurde (§ 5 Abs. 6 S. 5 Nr. 1 lit. d IVV). Weil es sich hier um keinen
Lohn handelt, besteht kein Raum für eine zwingende Mitbestimmung nach § 87
Abs. 1 Nr. 10 BetrVG – es sei denn, dass unter den Kriterien für die Höhe der
Zahlung auch solche mit Leistungsbezug sind.

4.6.3 Begünstigte sonstige Abfindungen nach § 5 Abs. 6 S. 5 Nr. 3 IVV

Begünstigt sind schließlich auch sonstige Abfindungen im Sinne § 5 Abs. 6 S. 5
Nr. 3 IVV, also Abfindungen, die nicht bereits unter § 5 Abs. 6 S. 5 Nr. 1 IVV fallen und deren Gewährung die Aufsichtsbehörden auf Grundlage einer vorherigen
schlüssigen Darlegung zugestimmt haben. Bei Abfindungen bis zu einer Höhe,
die 200.000 € nicht überschreitet und nicht mehr als 200 % der fixen Vergütung
des Mitarbeiters im letzten abgeschlossenen Geschäftsjahr entspricht, gilt der
Betrag sogar gemäß § 5 Abs. 6 S. 5 Nr. 3 IVV als angemessen, sodass auf eine
Darlegung verzichtet werden. Dies darf wohl so verstanden werden, dass in diesen Fällen keine Zustimmung der Aufsichtsbehörden vor Gewährung der Abfindung vorliegen muss.

Sonstige Abfindungen im Sinne von § 5 Abs. 6 S. 5 Nr. 3 IVV werden praktisch vermutlich eher Sonderfälle von Trennungen betreffen. Sofern es sich um
Einzelfälle ohne kollektiven Bezug handelt, besteht von vornherein kein Raum
für eine Mitbestimmung nach § 87 BetrVG.

Gemäß § 4 IVV muss ein Institut seine Vergütungsstrategie und die Vergütungssysteme auf die Geschäfts- und Risikostrategien sowie nunmehr auch auf die Unternehmenskultur ausrichten. § 4 IVV ist dabei im Zusammenspiel mit § 11 Abs. 1 IVV zu verstehen, dem zufolge die Grundsätze zu den Vergütungssystemen wiederum in den Organisationsrichtlinien des Instituts festzulegen sind.

Dies sollte allerdings nicht darüber hinwegtäuschen, dass es sich bei den Grundsätzen zu den Vergütungssystemen um eine Angelegenheit handelt, die umfassend der zwingenden Mitbestimmung nach § 87 Abs. 1 Nr. 10 BetrVG unterliegt und daher bei Instituten mit Mitarbeitervertretungen in einer Kollektivvereinbarung festzuhalten sind. Eine solche Vereinbarung mag dann ggf. in den Organisationsrichtlinien hinterlegt werden; keinesfalls wird die Verortung der Grundsätze zu den Vergütungssystemen in den Organisationsrichtlinien gemäß § 11 Abs. 1 IVV aber dahin gehend zu verstehen sein, dass diese Materie der Mitbestimmung entzogen ist.

Raum für originäre Regelungen in den Organisationsrichtlinien besteht danach nur, soweit es um die Vergütungssysteme der Geschäftsleiter, der leitenden Angestellten (Abschn. 13.2) und solcher freier Mitarbeiter geht, die über den in § 2 Abs. 7 S. 1 IVV angeordneten Verweis auf § 5 ArbGG den Vergütungsbeschränkungen der IVV zu unterwerfen sind (Kap. 3), ohne jedoch in den Arbeitnehmerbegriff des § 5 Abs. 1 BetrVG und damit in die betriebliche Mitbestimmung zu fallen (zur Abgrenzung zwischen Arbeitnehmern und freien Mitarbeitern siehe Fitting 2016, § 5 Rdnr. 39 ff.; zu den generellen Rechtsfolgen einer Einordnung als arbeitnehmerähnliche Person siehe Ascheid et al. 2017, 1.C.II.3. Rdnr. 71 f.).

Sofern bei Bestehen eines Sprecherausschusses eine Richtlinie oder Vereinbarung abgeschlossen wurde (zur Differenzierung Joost 2009, § 235 Rdnr. 6), die nach § 28 Abs. 1 SprAuG den Inhalt eines Arbeitsverhältnisses und damit

© Springer Fachmedien Wiesbaden GmbH 2018
J. Jensen, *Die Institutsvergütungsverordnung 3.0*, essentials,
DOI 10.1007/978-3-658-19598-4_5

insbesondere auch die Entgeltgestaltung umfassend regeln kann (Oetker 1990, S. 2182 ff.), so ist diese nicht erzwingbar, weil dem Sprecherausschuss keine Mitbestimmungsrechte, sondern lediglich Mitwirkungsrechte zustehen. Eine Richtlinie kann daher genauso wie eine Vereinbarung jederzeit vom Institut ohne Nachwirkung gekündigt werden. Aus diesem Grund sollten die Grundsätze der Vergütung der leitenden Angestellten vorsorglich auch dann originär in den Organisationsrichtlinien geregelt werden, wenn eine Richtlinie oder Vereinbarung mit dem Sprecherausschuss getroffen wurde.

Soweit es um tarifliche Mitarbeiter geht, erübrigen sich Regelungen in den Organisationsrichtlinien mit Blick auf § 1 Abs. 4 IVV.

§ 6 IVV: Verhältnis von variabler zu fixer Vergütung

6

Der Entwurf der Auslegungshilfe zu § 6 IVV definiert erstmalig, wie das jeweilige Oberverhältnis zwischen variabler und fixer Vergütung abstrakt zu berechnen ist.

▷ Die Obergrenze ist die Summe aller variablen Vergütungskomponenten, die in einem bestimmten Leistungsjahr höchstens erzielt werden kann (z. B. infolge von Zielübererfüllung), geteilt durch die Summe aller fixen Vergütungselemente, die für dasselbe Leistungsjahr zugewendet werden. Alle Vergütungsbestandteile müssen im Sinne der IVV korrekt entweder als variable oder als fixe Vergütung eingeordnet worden sein. Die Institute dürfen bei der Berechnung der Einhaltung der gesetzten Obergrenze einige der fixen Vergütungskomponenten außer Betracht lassen, sofern diese nicht als wesentlich anzusehen sind, z. B. bei der Zuwendung von Sachleistungen. Die Obergrenze ist unabhängig von möglichen zukünftigen Ex-post-Risikoadjustierungen zu bestimmen, sie wird daher weder von einem Malus noch von der Volatilität der Instrumente beeinflusst.

Demgegenüber entspricht das tatsächliche Verhältnis zwischen variabler und fixer Vergütung der Summe aller im letzten Geschäftsjahr gemäß den Festlegungen der IVV zugewendeten variablen Vergütungskomponenten (einschließlich der für eine mehrjährige Bemessungsperiode zugewendeten Beträge) geteilt durch die Summe aller für dasselbe Geschäftsjahr zugewendeten fixen Vergütungselemente.

Problematisch ist die eingangs beschriebene Definition der abstrakten Obergrenze insbesondere bei denjenigen Instituten, deren Vergütungssysteme keine ausdrückliche absolute oder relative Höchstbegrenzung für die variable Vergütung vorsehen und sich eine solche auch nicht anderweitig aus dem Bonussystem ableiten lässt. Paradebeispiel hierfür sind die sogenannten diskretionären Bonussysteme (siehe hierzu eingehend Jensen 2017, S. 500 ff.).

© Springer Fachmedien Wiesbaden GmbH 2018
J. Jensen, *Die Institutsvergütungsverordnung 3.0*, essentials,
DOI 10.1007/978-3-658-19598-4_6

Zwar können sich Institute mit diskretionären Bonussystemen auf § 315 Abs. 1 BGB berufen, dem zufolge ein Bonus im Zweifel nach billigem Ermessen festzusetzen ist. Ob eine der Billigkeit entsprechende Bonusfestsetzung allerdings auch automatisch meint, dass jedenfalls die Obergrenze des § 25a Abs. 5 S. 1 KWG einzuhalten ist, ist nicht sicher, weil der Normzweck des § 315 Abs. 1 BGB auf den Schutz des Mitarbeiters vor einer unbilligen Festsetzung der Vergütung durch das Institut gerichtet ist, was in der Praxis Schutz vor einer zu niedrigen Festsetzung meint.

Die IVV 3.0 bringt zunächst in Gestalt von § 7 Abs. 2 eine Neuerung mit sich. Nach dieser Vorschrift dürfen eine Ermittlung und eine Erdienung von variabler Vergütung nur erfolgen, wenn und soweit zu den jeweiligen Zeitpunkten die Voraussetzungen gemäß § 7 Abs. 1 S. 3 IVV erfüllt sind. Hierbei dürfte es sich um eine erhebliche Verschärfung gegenüber der bisherigen Fassung des § 7 IVV handeln, die erst bei dem Prozess zur Bildung eines Gesamtbetrags der variablen Vergütungen ansetzte, weil die Voraussetzungen des § 7 Abs. 2 S. 2 IVV künftig auch bei Erdienung, also während eines eventuellen Zurückbehaltungszeitraums, vorliegen müssen.

Laut dem Entwurf der Auslegungshilfe soll die Einschränkung des § 7 Abs. 2 IVV selbst für Zurückbehaltungsräume gelten, die auf freiwilliger Grundlage vereinbart worden sind. Dies dürfte ein Knock-Out-Kriterium für künftige freiwillige Deferral-Gestaltungen sein.

Die Vorschrift des § 7 IVV wirft daneben zahlreiche weitere Fragen mit arbeitsrechtlichen Implikationen auf, wie die nachfolgenden Darstellungen zeigen.

7.1 Gesamtbetrag variabler Vergütungen vs. Bonuspool

Die Festsetzung des Gesamtbetrags der variablen Vergütung gemäß § 7 Abs. 1 IVV ist entgegen des synonymen Gebrauchs, der in dem Entwurf der Auslegungshilfe zu § 7 IVV postuliert wird, nicht deckungsgleich mit der Bonuspooldotierung nach Ablauf des Bonusjahres. Grund hierfür ist, dass die variable Vergütung in der Diktion der IVV nicht nur aus den normalen Jahresboni besteht, sondern ggf. auch aus garantierter variabler Vergütung gemäß § 5 Abs. 5 IVV (Abschn. 4.4), aus nicht

© Springer Fachmedien Wiesbaden GmbH 2018
J. Jensen, *Die Institutsvergütungsverordnung 3.0,* essentials,
DOI 10.1007/978-3-658-19598-4_7

begünstigten Abfindungen (Abschn. 4.6), aus zusätzlichen variablen Vergütungen (Abschn. 4.5) sowie aus zusätzlichen Leistungen zur Altersversorgung gemäß § 22 IVV (Abschn. 13.7).

Damit kann der Gesamtbetrag der variablen Vergütung teilweise aus Positionen bestehen, die während des laufenden Bonusjahres bereits unwiederbringlich zur Auszahlung gelangt sind (z. B. nicht begünstigte Abfindungen), während der vermutlich bei weitem größte Teil der variablen Vergütung, nämlich die Jahresboni, erst nach Ablauf des Bonusjahres ermittelt und ausgezahlt wird.

Dieses Konzept erscheint insbesondere in solchen Fällen äußerst misslich, in denen unterjährig variable Vergütung noch unproblematisch geleistet werden durfte, während die Bildung des Gesamtbetrags der variablen Vergütung nach Ablauf des Bonusjahres plötzlich mit Blick auf § 7 Abs. 1 S. 3 IVV Beschränkungen unterliegt. Der Pool, der für die Ausschüttung des Jahresbonus zur Verfügung steht, fällt hier auch deshalb kleiner aus, weil einzelne Mitarbeiter bereits unterjährig als variable Vergütung qualifizierte Entgelte erhalten haben.

Unter dem Gesichtspunkt der Verteilungsgrundsätze ist eine solche Situation vor allem mitbestimmungsrechtlich relevant: Hat ein Institut beispielsweise versäumt, den Betriebsrat in Bezug auf eine unterjährig geleistete variable Vergütung zu beteiligen, die bei isolierter Betrachtung gar nicht der Mitbestimmung unterliegt, stellt sich die Frage, ob dies kollektivrechtlich Implikationen in Bezug auf die Größe des Pools für die Jahresboni hat (zu den Folgen einer unterbliebenen Mitbestimmung Abschn. 12.3).

7.2   Variable Vergütung und Jahresverlust

Während in dem Entwurf der Auslegungshilfe zu § 7 IVV bislang wenig präzise geregelt war, dass im Falle eines negativen Gesamterfolgs des Instituts, insbesondere wenn dieser mit einem Verzehr des Unternehmenswertes einhergeht, Bonuszahlungen in der Regel nicht zulässig sind (kritisch dazu Jensen 2014, S. 2869 ff.), heißt es nunmehr deutlich weniger einschränkend, dass keine Bonusmittel bereitstehen dürfen, wenn die Kriterien für die Eingriffsschwelle gemäß § 45 KWG vorliegen.

Damit trägt der Verordnungsgeber auch dem Umstand Rechnung, dass die Dotierung des Bonuspools, jedenfalls aber der individuelle Bonus eines Mitarbeiters vor den Arbeitsgerichten ohne weiteres überprüfbar ist (vgl. dazu Jensen 2017, S. 511 sowie Salamon und Wessels 2017, S. 889).

Der Maßstab der Arbeitsgerichte ist hierbei ein grundlegend anderer als derjenige, den die Bankenaufsicht in Gestalt von § 7 Abs. 1 und Abs. 2 IVV anwendet.

Insbesondere muss nach der Rechtsprechung des Zehnten Senats des Bundesarbeitsgericht das Bonusbudget eine Größenordnung erreichen, die den Leistungsbezug des Bonussystems beachtet und die ausreicht, die tatsächlich erbrachten Leistungen angemessen zu honorieren (BAG Urteil vom 19. März 2014 – 10 AZR 622/13, NZA 2014, S. 595). Hintergrund hierfür ist, dass sich das sogenannte Wirtschaftsrisiko auch im Bereich der variablen Vergütung arbeitsrechtlich nur in eingeschränkten Umfang auf die Mitarbeiter abwälzen lässt (siehe dazu eingehend Jensen 2017, S. 502 ff. sowie Jensen 2016, S. 2112).

Die Gretchenfrage ist insoweit, ob im Falle eines Bonusrechtsstreits ein Gericht dem Aufsichtsrecht oder dem Arbeitsrecht mehr Gewicht beimisst. Belastbare Rechtsprechung des Bundesarbeitsgerichts gibt es hierzu bislang nicht. Von den wenigen veröffentlichten berufungsinstanzlichen Entscheidungen hat man aber eher den Eindruck, als würde das Aufsichtsrecht keine relevante Rolle aus Sicht der Arbeitsgerichte spielen. So führte das LAG München in seinem Urteil vom 3. März 2016 – 3 Sa 1033/15 (BB 2016, S. 2107) aus, dass dem Ziel, durch angemessene Vergütungssysteme eine angemessene Eigenmittelausstattung eines Kreditinstituts aufrechtzuerhalten oder wiederherzustellen, sogar ohne (!) die Regelungen des KWG und der IVV zu entsprechen sei. Dies liegt auf Linie der hier vertretenen Auffassung, nach der die Bestimmungen der IVV nicht als Maßstab für eine Rechtskontrolle von Arbeitsverträgen und Kollektivvereinbarungen taugen (Abschn. 12.1).

7.3 Anzeigepflicht und Reaktionsmöglichkeiten der Aufsicht

In jedem Fall will die BaFin in Bezug auf das Vorhaben, Boni trotz einer negativen Ertragslage auszahlen zu wollen, aber weiterhin eingebunden bleiben. Unter Vorlage einer plausiblen, umfassenden und nachvollziehbaren Begründung muss ein solches Vorhaben der Aufsicht künftig aber nicht mehr „zur Genehmigung", sondern lediglich „zur Kenntnis" vorgelegt werden.

Hierbei handelt es sich keinesfalls nur um eine redaktionelle Änderung, sondern um eine grundlegende Neupositionierung der Aufsichtsbehörden: Während die BaFin bisher das Vorhaben, Boni trotz Verlusten auszahlen zu wollen, einfach negativ bescheiden und das Institut in Bezug auf sich daraus eventuell ergebende Bonusklagen vor den Arbeitsgerichten sich selbst überlassen wollte, ist jetzt davon auszugehen, dass die Aufsicht künftig statt mit einem „Nein" mit einer vollständigen oder teilweisen Auszahlungsbeschränkung nach § 45 KWG reagieren wird. Dies ist insofern überaus praxisrelevant, als eine solche Anordnung gleichzeitig auch auf das Verhältnis zwischen dem betroffenen Institut und seinen Mitarbeitern durchschlägt, weil § 45 Abs. 5 S. 12 KWG eventuelle Ansprüche von Mitarbeitern insoweit von Gesetzes wegen für nicht durchsetzbar erklärt. Letzteres dürfte nach dem Urteil des EuGH vom 18. Oktober 2016 – C 135/15 (NZA 2016, S. 1389) allerdings nur für inländische Mitarbeiter gelten, nicht aber für Mitarbeiter in ausländischen Zweigniederlassungen von Instituten mit Sitz im Inland. Nach dieser Entscheidung ist Art. 9 Abs. 3 der Rom-I-Verordnung nämlich dahin auszulegen, dass es dem im Streitfalle angerufenen Gericht nicht erlaubt ist, andere Eingriffsnormen als die des Staates des angerufenen Gerichts oder des Staates, in dem die durch den Vertrag begründeten Verpflichtungen erfüllt werden sollen oder erfüllt worden sind, als Rechtsvorschriften anzuwenden.

§ 8 IVV: Umgehungsverbot und Vier-Augen-Prinzip

Der neu eingefügte § 8 Abs. 1 S. 2 IVV konkretisiert das auch schon bislang geltende Verbot von Absicherungsmaßnahmen dahin gehend, dass keine Instrumente oder Methoden angewandt werden dürfen, durch welche die Anforderungen der IVV umgangen werden.

Die maßgeblichen Ausführungen zu Umgehungsgestaltungen finden sich in dem Entwurf der Auslegungshilfe allerdings nicht bei § 8, sondern bei § 5 IVV, der sich mit dem unzulässigen Missbrauch von Gestaltungsmöglichkeiten bei der Gewährung oder Auszahlung von Vergütungen und sonstigen Leistungen beschäftigt. Gemeint sind Sachverhaltskonstellationen, in denen ein Institut zwar formal mit der IVV im Einklang handelt, das Verhalten aber in Wahrheit nicht dem tatsächlichen Sinn und Zweck einer einzelnen Vorschrift entspricht. In diesem Fall gilt diese Anforderung als nicht erfüllt.

Im Folgenden beschreibt der Entwurf der Auslegungshilfe zu § 5 IVV zahlreiche Beispielsfälle unzulässiger Umgehungsgestaltungen, die sich schnell erschließen, etwa die Festsetzung einer variablen Vergütung, obwohl tatsächlich keine positive Leistung des Mitarbeiters, seiner Organisationseinheit oder auf Gesamtbankebene festgestellt werden konnte oder obwohl diese unter Berücksichtigung der Finanzlage des Instituts nicht nachhaltig ist (siehe zu letzterer Alternative auch Abschn. 7.2). Ein weiteres Beispiel ist die häufige oder regelmäßige Anpassung der Fixvergütung, welche de facto zur Angleichung der Vergütung des Mitarbeiters an dessen Leistungen erfolgt, genauso wie dies auch bei der regelmäßigen Verlängerung befristeter Anstellungsverträge der Fall sein kann.

Auch um Umgehungsgestaltungen effektiv zu begegnen, haben die Institute sicherzustellen, dass die Methoden der Leistungs- und Erfolgsmessung einer angemessenen Kontrolle – hier werden explizit das Vier-Augen-Prinzip und das Bestehen objektiver Standards für den Entscheidungsprozess hinsichtlich der Zielerreichung eines Mitarbeiters genannt – unterworfen sind. In dem Entwurf der

J. Jensen, *Die Institutsvergütungsverordnung 3.0*, essentials,
DOI 10.1007/978-3-658-19598-4_8

Auslegungshilfe zu § 5 IVV geht die BaFin dabei sogar soweit, dass das Fehlen entsprechender Kontrollen dazu führt, dass die variable Vergütung nicht ausreichend an die Leistung bzw. den Erfolg anknüpft und deshalb jede Zahlung einer variablen Vergütung zu einer Verletzung der regulatorischen Anforderungen führen kann. Letzteres mag durchaus als Hinweis des Verordnungsgebers auf § 45 Abs. 5 S. 6 Nr. 1 KWG gemeint sein, der den Aufsichtsbehörden die Untersagung der Auszahlung von variabler Vergütung aufgrund eines Vergütungssystems erlaubt, das den aufsichtsrechtlichen Anforderungen an angemessene, transparente und auf eine nachhaltige Entwicklung des Instituts ausgerichtete Vergütungssysteme widerspricht.

> Die Einrichtung angemessener Compliance-Strukturen zwecks Verhinderung von Absicherungsmaßnahmen der Mitarbeiter wird ein Institut im Zweifel ohnehin dokumentieren, genauso wie die nach § 8 Abs. 2 S. 3 IVV durchzuführenden Stichproben. In Bezug auf die Auswertung solcher Stichproben ist davon auszugehen, dass dies der zwingenden Mitbestimmung des Betriebsrats nach § 87 Abs. 1 Nr. 1 BetrVG unterliegt, da das Ordnungsverhalten der Mitarbeiter betroffen sein dürfte (vgl. Neufeld und Knitter 2013, S. 823). Dies ist wiederum insofern relevant, als Regelungen der zwingenden Mitbestimmung üblicherweise in einer schriftlichen Betriebsvereinbarung getroffen werden.

§ 9 IVV: Vergütung in den Kontrolleinheiten

9

Zwar hat sich § 9 IVV inhaltlich nicht geändert. Die BaFin hat § 9 IVV aber erstmals mit konkretisierenden Ausführungen in dem Entwurf der Auslegungshilfe unterlegt.

Die Bestimmung des § 9 Abs. 2 IVV, der zufolge der Schwerpunkt der Vergütung der Mitarbeiter der Kontrolleinheiten, die ohne inhaltliche Änderungen nunmehr in § 2 Abs. 11 IVV geregelt sind, auf der fixen Vergütung liegen soll, wird von dem Entwurf der Auslegungshilfe dahin gehend interpretiert, dass diese nicht mehr als ein Drittel der Gesamtvergütung betragen sollte, wobei auch eine ausschließlich fixe Vergütung zulässig ist. Die Institute sollen für die Mitarbeiter der Kontrolleinheiten zudem ein erheblich niedrigeres Verhältnis zwischen variabler und fixer Vergütung anstreben als für die Mitarbeiter der von ihnen kontrollierten Organisationseinheiten.

Die Umsetzung dieser Vorgabe unterliegt in Instituten mit Betriebsrat der Mitbestimmung nach § 87 Abs. 1 Nr. 10 BetrVG. Erfolgt hier eine Änderung der im Betrieb geltenden Entlohnungsgrundsätze unter Verstoß auf das Mitbestimmungsrecht des Betriebsrats, kann der Mitarbeiter im Falle einer nur individualvertraglichen Absenkung seiner variablen Vergütung weiterhin eine variable Vergütung auf der Grundlage der zuletzt mitbestimmungsgemäß eingeführten Entlohnungsgrundsätze fordern (BAG Urteil vom 24. Januar 2017 – 1 AZR 772/14, BB 2017, S. 1395), und zwar schlimmstenfalls selbst dann, wenn im Gegenzug zur Absenkung der variablen Vergütung die Fixvergütung erhöht wurde.

Der Entwurf der Auslegungshilfe zu § 9 IVV bestimmt ferner, dass eine variable Vergütung von Mitarbeitern der Kontrolleinheiten getrennt von derjenigen der Mitarbeiter der kontrollierten Bereiche evaluiert und festgelegt werden muss. Neu ist, dass die Kriterien für die variable Vergütung vorwiegend auf den Zielen

© Springer Fachmedien Wiesbaden GmbH 2018
J. Jensen, *Die Institutsvergütungsverordnung 3.0*, essentials,
DOI 10.1007/978-3-658-19598-4_9

der internen Kontrollfunktion basieren soll, wozu beispielsweise die Kernkapital-
quote, die Quote notleidender Kredite oder Revisionsfeststellungen gehören. Die
variable Vergütung darf ausdrücklich nicht auf marktorientierten Geschäftszielen
beruhen; eine teilweise Abhängigkeit der variablen Vergütung vom Erfolg des
Instituts soll aber zulässig sein (siehe zu den damit einhergehenden Problemen
Abschn. 7.2).

Der Entwurf der Auslegungshilfe zu dem unverändert gebliebenen § 10 IVV wurde um die Bestimmung ergänzt, dass in Bezug auf eine in Instrumenten zugewendete variable Vergütung angemessene Maßnahmen zu ergreifen sind, um die Unabhängigkeit des Urteils des Geschäftsleiters nicht zu beeinflussen. Konkret wird als Beispiel für eine solche Maßnahme die Festlegung von Verfügungssperrfristen bis zum Ablauf des Mandats genannt. Hier dürfte wohl nicht das Ende der jeweiligen turnusmäßigen Bestellung gemeint sein, sondern tatsächlich der Ablauf des Mandats, d. h. das endgültige Ausscheiden aus dem Amt als Vorstand oder Geschäftsführer.

Bedenken bereitet insoweit, dass Sperrfristen bei Risikoträgern in der Verordnung selbst geregelt sind, nämlich in § 20 Abs. 5 S. 2 und in § 22 Abs. 2 IVV. Damit hat der Verordnungsgeber deren Wichtigkeit zum Ausdruck gebracht, was sich nicht damit in Einklang bringen lässt, bei Geschäftsleitern nicht bedeutender Institute Sperrfristen in der Auslegungshilfe vorzusehen.

Es ist deshalb davon auszugehen, dass die finale Auslegungshilfe, sollte sie mit dem Entwurf der Auslegungshilfe insoweit identisch sein, die eine Außenwirkung eh nur über den allgemeinen Gleichbehandlungsanspruch im Zusammenschau mit der Rechtsfigur der Selbstbindung der Verwaltung entfaltet, insoweit rechtswidrig ist und damit streng genommen nicht befolgt zu werden braucht. Trotzdem werden jedenfalls von der BaFin beaufsichtigte Institute kaum die in der Auslegungshilfe formulierte Erwartung einer Sperrfrist ignorieren wollen.

© Springer Fachmedien Wiesbaden GmbH 2018   27
J. Jensen, *Die Institutsvergütungsverordnung 3.0*, essentials,
DOI 10.1007/978-3-658-19598-4_10

§ 13 IVV: Information über die Vergütungssysteme

Eine schriftliche Unterrichtung der Mitarbeiter nach § 13 Abs. 1 IVV meint in der Sache nicht nur eine Informations-, sondern auch eine Dokumentationspflicht. Dies stellt der Entwurf der Auslegungshilfe zu § 13 IVV auch noch einmal ausdrücklich klar, wenn sie eine Dokumentation des Beurteilungsprozesses im Hinblick auf die individuelle Leistung fordert.

Zu den aufsichtsrechtlichen Dokumentationspflichten kommen auch noch mitbestimmungsrechtliche Pflichten hinzu, denn bei Bestehen einer Betriebsvereinbarung zur Zielfestlegung und Leistungsbewertung ist der Arbeitgeber verpflichtet, individuelle Zielvereinbarungen und die damit einhergehenden Informationen dem Betriebsrat vorzulegen (LAG Niedersachsen Beschluss vom 1. November 2016 – 3 TaBV 32/15, juris).

Von § 13 IVV bleibt ferner auch ein individueller Auskunftsanspruch nach §§ 10 ff. des am 6. Juli 2017 in Kraft getretenen Entgelttransparenzgesetzes (siehe dazu Franzen 2017, S. 814 ff.) unberührt.

▷ Aufsichtsrechtliche Transparenzgebote und Dokumentationspflichten entfalten keinen Drittschutz zugunsten der Mitarbeiter im Verhältnis zu ihrem Arbeitgeber (vgl. auch Sammet 2013, S. 67 ff.).

© Springer Fachmedien Wiesbaden GmbH 2018   29
J. Jensen, *Die Institutsvergütungsverordnung 3.0*, essentials,
DOI 10.1007/978-3-658-19598-4_11

§ 14 IVV: Arbeits- und Mitbestimmungsrecht

In den vorherigen Kapiteln wurde bereits immer wieder auf Schnittstellen zum Arbeitsrecht hingewiesen, die teilweise durch die IVV 3.0 erst begründet wurden. Dies gibt Anlass zu den nachfolgenden grundlegenden Überlegungen zum Verhältnis zwischen dem Bankenaufsichtsrecht und dem Arbeitsrecht mit Blick auf die Schnittstellennorm des § 14 Abs. 1 IVV.

Abseits der nachfolgenden rechtlichen Überlegungen sollte nie in Vergessenheit geraten, dass zwar die Aufsichtsbehörden über die Vergütungssysteme von Instituten wachen, Streitigkeiten zwischen Institut und Mitarbeiter über Vergütungen aber vor den Arbeitsgerichten bzw. im Falle von Geschäftsleitern ggf. vor den Zivilgerichten auszutragen sind, die jeweils weder ein verlängerter Arm der Bankenaufsicht sind noch sich als ein solcher verstehen. In dieser Gemengelage kann ein Institut schnell in eine Zwickmühle geraten, aus der es kein Entkommen ohne Verletzung entweder aufsichtsrechtlicher oder arbeitsrechtlicher Bestimmungen gibt (siehe dazu auch Jensen 2014, S. 2869).

12.1 IVV als tauglicher Maßstab einer Rechtskontrolle?

Fraglich ist zu allererst, ob die Vorschriften der IVV überhaupt Maßstab für eine Rechtskontrolle nach § 75 Abs. 1 BetrVG (oder für eine Inhaltskontrolle nach § 307 Abs. 2 Nr. 1 BGB) sein können.

Nach hier vertretener Auffassung (a. A. Gerdes-Renken 2014, S. 69 ff.) ist das nicht der Fall: Die unmittelbar nur zwischen einem Institut und den Aufsichtsbehörden geltenden Vorschriften der IVV sind Ordnungsnormen des öffentlichen Rechts, die neben der Vermeidung von Bonusexzessen vor allem auf die Erhaltung bzw. Herstellung einer angemessenen Kapitalausstattung von Banken

© Springer Fachmedien Wiesbaden GmbH 2018
J. Jensen, *Die Institutsvergütungsverordnung 3.0*, essentials,
DOI 10.1007/978-3-658-19598-4_12

gerichtet sind. Dagegen kommen als Maßstab für eine Inhaltskontrolle – jedenfalls im Bereich arbeitsvertraglicher AGBs – regelmäßig nur Arbeitnehmerschutzbestimmungen in Betracht (Däubler et al. 2014, § 307 Rdnr. 235), zu denen die IVV nicht gehört.

Von der Richtigkeit der hier vertretenen Auffassung ausgehend, die im Ergebnis der Rechtsprechung des LAG München entspricht (Abschn. 7.2), ist die Ausgestaltung von Vergütungssystemen allein nach arbeitsrechtlichen Maßstäben zu beurteilen. Dass die Institute gemäß § 14 Abs. 1 IVV auf deren Aufsichtskonformität hinwirken, steht dem ja nicht entgegen. Abweichungen von der IVV sind damit jedoch unvermeidlich und bis zum Erreichen der in § 45 Abs. 5 S. 6 Nr. 1 KWG definierten Grenzen (Abschn. 12.4) auch von den Aufsichtsbehörden hinzunehmen.

12.2 Mitbestimmung nach § 87 Abs. 1 Nr. 4 und 10 BetrVG

Es entspricht der weitestgehend einhelligen und auch richtigen Auffassung, dass die IVV in Bezug auf die meisten ihrer Regelungsgegenstände keine abschließende, ein Mitbestimmungsrecht des Betriebsrats nach dem Eingangssatz von § 87 Abs. 1 BetrVG ausschließende Regelung darstellt, (LAG Hamm Beschluss vom 22. März 2016 – 7 TaBV 50/15, Rdnr. 31, juris; ebenso Annuß 2014, S. 127 sowie Löw und Glück 2015, S. 142).

Der zwingenden Mitbestimmung nach § 87 Abs. 1 Nr. 10 BetrVG unterliegt zunächst das Verfahren über das Zustandekommen von Zielvereinbarungen, die Regelungen betreffend Zielinhalte, die Anzahl der Ziele und deren Gewichtung zueinander (vgl. zu den generellen Fallstricken von Zielvereinbarungen und Zielvorgaben Wisskirchen und Schwindling 2017, S. 155 ff.).

Von § 87 Abs. 1 Nr. 10 BetrVG sind genauso aber auch die Regelungen zur Bemessung und Bewertung der Leistung – dies schließt insbesondere auch die Dauer des Bonusbemessungszeitraums sowie die sich anschließende Zeiträume, in denen noch ein Back-Testing im Wege von Malus-Arrangements oder einer Rückforderung bereits ausgezahlter variabler Vergütung vollzogen werden kann, ein – sowie schließlich auch die Regelungen zur Bestimmung der Zahlungshöhe als abstrakt-generelle Grundsätze zur Lohnfindung (Fitting 2016, § 87 Rdnr. 414).

Das Mitbestimmungsrecht des § 87 Abs. 1 Nr. 10 BetrVG findet seine Grenzen allerdings, soweit es um die abstrakte Bestimmung des Kreises der Begünstigten, den Dotierungsrahmen und auch den Zweck der Sonderzahlung geht

(Richardi 2016, § 87 Rdnr. 771). Soweit eine Betriebsvereinbarung über Sonderzahlungen – wie in der betrieblichen Praxis regelmäßig der Fall – auch einen Verpflichtungstatbestand enthält und Regelungen zur Höhe der Sonderzahlung vorsieht, handelt es sich der Natur nach um eine freiwillige Betriebsvereinbarung (Jensen 2017, S. 487).

Neben § 87 Abs. 1 Nr. 10 BetrVG ist für Zwecke der IVV aber auch noch § 87 Abs. 1 Nr. 4 BetrVG relevant, der den Zeitpunkt der Auszahlung und die Art der Arbeitsentgelte betrifft. Der Zeitpunkt meint dabei den Fälligkeits- bzw. Zahlungszeitpunkt (BAG Beschluss vom 22. Dezember 2014 – 1 ABR 96/12, NZA 2014, S. 1151), der vor allem in Bezug auf die variable Vergütung von Risikoträgern zahlreichen Besonderheiten unterliegt.

Zur personellen Reichweite der betrieblichen Mitbestimmung Kap. 5 und Abschn. 13.2.

Zur Verteilung der Zuständigkeit zwischen örtlichem Betriebsrat, Gesamtbetriebsrat und Konzernbetriebsrat (vgl. Salamon 2013, S. 708 ff.).

12.3 Folgen unterbliebener Mitbestimmung

Sofern Gegenstände der zwingenden Mitbestimmung betroffen sind, stellt sich die Frage, welche Folgen es hat, wenn keine kollektive Regelung der Materie erfolgt ist.

Grundsätzlich kann der Betriebsrat die Mitbestimmung auch innerhalb der Grenzen der Verwirkung für zurückliegende Jahre und damit für bereits abgeschlossen geglaubte Bonusjahre einfordern (vgl. LAG Niedersachsen Beschluss vom 30. April 2013 – 1 TaBV 142/12, juris).

Sofern das Resultat einer solch nachträglich eingeforderten Mitbestimmung andere Vergütungsgrundsätze sind als diejenigen, die das Institut tatsächlich angewandt hat, kann sich ohne weiteres eine Pflicht zur Nachdotierung – also zu einer nachträglichen Erhöhung – eines bereits vollständig ausgeschütteten Bonuspools ergeben, um alle Ansprüche nach dem nunmehr mitbestimmten System bedienen zu können.

Gleichzeitig kann das Institut aber keine variable Vergütung von solchen Mitarbeitern zurückverlangen, die nach dem mitbestimmten System einen niedrigeren Bonus hätten erhalten müssen als derjenige Bonus, der tatsächlich an sie zur Auszahlung gekommen ist (BAG Beschluss vom 14. Juni 1994 – 1 ABR 63/93, NZA 1995, S. 543). Hier helfen dem Arbeitgeber regelmäßig auch keine arbeitsvertraglichen Ausschlussklauseln weiter, weil Ansprüche aus Betriebsvereinbarungen

gemäß § 77 Abs. 4 S. 3 BetrVG nur durch Ausschlussklauseln beschränkt werden
können, die ihrerseits in einer Betriebsvereinbarung geregelt sind.

Führt ein Arbeitgeber – auch wenn auch nur in Reaktion auf geänderte aufsichtsrechtliche Vorgaben – neue Entlohnungsgrundsätze ein, ohne den Betriebsrat zu beteiligen, so kann dieser zur Sicherung seiner Mitbestimmungsrechte vom
Arbeitgeber zudem verlangen, die Durchführung solch neuer Entlohnungsgrundsätze auszusetzen (BAG Urteil vom 22. Juni 2010 – 1 AZR 853/08, NZA 2010,
S. 1243; siehe dazu auch Richardi 2014, S. 158).

▶ Aus einer unterbliebenen Beteiligung des Betriebsrats im Bereich der
zwingenden Mitbestimmung können sich nachträglich handfeste
finanzielle Folgen für den Arbeitgeber ergeben, die mit Blick auf die
Vorschrift des § 7 Abs. 2 IVV auch aufsichtsrelevant sein dürften.

12.4   Aufsichts- vs. gesetzeskonforme Vergütungssysteme

Aufsichtskonforme Vergütungssysteme sind solche, die den Vorgaben der IVV
und des KWG entsprechend. Um umfassend gesetzeskonform zu sein, müssen
Vergütungssysteme allerdings auch den Vorgaben des Arbeitsrechts entsprechen.
Das bedeutet insbesondere, dass auf kollektivrechtlicher Ebene die Mitbestimmung bzw. auf individualrechtlicher Ebene die Vorschriften der AGB-Kontrolle
zu beachten sind. Zudem ist der Recht der Sonderzahlungen zu beachten, das
maßgeblich durch die Rechtsprechung des für Gratifikationen und Sondervergü-
tungen zuständigen Zehnten Senat des Bundesarbeitsgerichts geprägt wird.

▶ Die Vorschriften der IVV gelten im Verhältnis zwischen einem Institut
und der Bankenaufsicht und beschreiben die Blaupause von Vergütungssystemen aus aufsichtsrechtlicher Sicht. Abweichungen von diesem Leitbild, die dem Umstand geschuldet sind, dass ein Institut im
Verhältnis zu seinen Mitarbeitern bzw. im Verhältnis zu den Mitarbeitervertretungen auch den Arbeitsgesetzen Geltung verschaffen muss,
sind unvermeidlich und von den Aufsichtsbehörden hinzunehmen.
Handlungsspielraum für die Aufsicht besteht erst ab Erreichen der in
§ 45 Abs. 5 S. 6 Nr. 1 KWG definierten Grenzen, für die allerdings ein
besonders strenger Maßstab gelten dürfte (Jensen 2014, S. 2872).

12.5 Anpassungsbemühungen gegenüber dem Betriebsrat

Ob das Vorgesagte auch der Auffassung der Aufsichtsbehörden entspricht, darf allerdings hinterfragt werden. So ist in § 14 Abs. 1 IVV nunmehr ausdrücklich geregelt ist, dass ein Institut darauf hinzuwirken hat, „bestehende" Verträge und Betriebsvereinbarungen anzupassen, die mit der IVV nicht vereinbar sind. Dies kann durchaus dahin gehend verstanden werden, dass neu abzuschließende Verträge und Betriebsvereinbarungen nach Vorstellung der Aufsichtsbehörden umfassend IVV-konform sein sollen.

Dies funktioniert jedoch nur mit Betriebsräten und Personalvertretungen, die dem Aufsichtsrecht im Zweifel eine höhere Priorität einräumen als den Interessen der Belegschaft. Dass es solche Vertretungsgremien schlicht nicht gibt, ahnt vermutlich auch die BaFin, wenn sie in dem Entwurf der Auslegungshilfe zu § 14 IVV nur in Bezug auf Geschäftsleiter die grundsätzliche Erwartung äußert, Vertragsänderungen zur Herstellung einer IVV-Konformität zuzustimmen. Eine solche Erwartung lässt sich immerhin aus § 25c Abs. 1 S. 1 KWG ableiten, dem zufolge Geschäftsleiter nur sein darf, wer fachlich geeignet und zuverlässig ist.

Der Maßstab des § 25c KWG gilt allerdings weder für Mitarbeiter unterhalb der Geschäftsleitungsebene noch gilt er für Mitarbeitervertretungen. Wenn die BaFin in dem Entwurf der Auslegungshilfe zu § 14 IVV nunmehr wiederkehrende Initiativen gegenüber Mitarbeitern mit dem Ziel einer Vertragsanpassung fördert, stellt sich die Frage, ob solche auch gegenüber Betriebsräten und Personalvertretungen vorzunehmen sind, wenn Betriebsvereinbarungen und Dienstvereinbarungen nicht oder nicht mehr dem Leitbild der IVV 3.0 entsprechen. Dies kann allerdings schlechterdings gemeint sein, weil das BetrVG der Rahmen für die Handlungsmöglichkeiten eines Instituts mit Blick auf eine betriebliche Kollektivvereinbarung vorgibt. Zu nennen wäre hier neben der institutsseitigen Kündigung der Kollektivvereinbarung gemäß § 77 Abs. 5 BetrVG, die in Angelegenheiten der zwingenden Mitbestimmung zunächst zu einer Nachwirkung gemäß § 77 Abs. 6 BetrVG führt, der Versuch der Verhandlung über eine einvernehmliche Änderung sowie, wenn eine solche nicht zustande kommt, die Anrufung einer Einigungsstelle nach § 87 Abs. 2 BetrVG. Kommt es im Rahmen des Einigungsstellenverfahrens zu keiner einvernehmlichen Lösung in Gestalt des Abschlusses einer neuen Kollektivvereinbarung, kommt es zu einem Spruch, der eine solche ersetzt.

Zwar kann ein Institut auch einen Einigungsstellenspruch gemäß § 76 Abs. 5 S. 4 BetrVG im Hinblick auf die Überschreitung der Ermessensgrenzen einer gerichtlichen Überprüfung unterziehen (siehe dazu im Einzelnen Zeppenfeld und Fries 2015, S. 647 ff.). Zu bedenken ist insoweit allerdings, dass ein solches

Verfahren vor dem Arbeitsgericht zu führen ist, das kein verlängerter Arm der Bankenaufsicht ist. Aus diesem Grunde kann es von einem Institut auch nur ausnahmsweise erwartet werden, einen Einigungsstellenspruch mit Blick auf die IVV anzufechten. Fällt die Entscheidung gegen eine solche Überprüfung, mag sich eine Dokumentation entsprechend § 14 Abs. 2 IVV empfehlen.

12.6 Anpassungsbemühungen gegenüber Mitarbeitern

Soweit die BaFin in dem Entwurf der Auslegungshilfe zu § 14 IVV fordert, dass Mitarbeiter ggf. auch mehrfach auf eine Änderung ihres Anstellungsvertrags anzusprechen sind (kritisch dazu bereits Diller und Arnold 2011, S. 840), wenn dieser nicht oder nicht mehr IVV-konform ist und angepasst werden muss, ist es ebenfalls relevant, ob in dem Institut ein Betriebsrat besteht.

Wie bereits in Abschn. 12.1 dargestellt, unterliegen die Vergütungssysteme einer umfassenden Mitbestimmung des Betriebsrats auf kollektivarbeitsrechtlicher Ebene. Sind bei Bestehen eines Betriebsrats auch individualarbeitsrechtliche Vergütungsabreden, also Abreden im Anstellungsvertrag, getroffen worden, so stellt sich die Frage, ob mit einer bloßen Änderung des Anstellungsvertrags IVV-konformen Regelungen Geltung verschafft werden kann, weil mit Blick auf die Theorie der Wirksamkeitsvoraussetzung die im Arbeitsvertrag getroffene Vereinbarung über die Vergütung von Gesetzes wegen durch die Verpflichtung des Arbeitgebers ergänzt wird, den Arbeitnehmer nach den im Betrieb geltenden Entlohnungsgrundsätzen zu vergüten (BAG Urteil vom 24. Januar 2017 – 1 AZR 772/14, APNews 2017, S. 125 ff.).

Insoweit kommt es also auch darauf an, ob es kollektivrechtliche Entlohnungsgrundsätze – sprich: eine Betriebsvereinbarung zur Vergütung – gibt oder ob die Entlohnungsgrundsätze auf betrieblicher Ebene mitbestimmungswidrig ohne Beteiligung des Betriebsrats eingeführt worden sind (BAG a. a. O.).

In dieser Gemengelage stellt sich seit der Entscheidung des Ersten Senats vom 5. März 2013 – 10 AZR 417/12 (NZA 2013, S. 916) regelmäßig auch Fragen zum Verhältnis zwischen der kollektiv- und der individualarbeitsrechtlichen Ebene, also ob die Regelungen einer Betriebsvereinbarung arbeitsvertragliche Abreden mit Blick auf die Normenhierarchie des Arbeitsrechts schlagen (siehe dazu Säcker 2013, S. 2677 sowie Waltermann 2016, S. 296 ff.). Dies kann insofern relevant sein, als IVV-widrige Abreden in einem Anstellungsvertrag nicht zwingend geändert werden müssen, wenn sie mit Blick auf vorrangige kollektivrechtliche Normen ohnehin keine Wirkung mehr entfalten.

Die Bestimmungen betreffend Risikoträger wurden im Rahmen der Novellierung der IVV grundlegend überarbeitet. Allein die Ausführungen in dem Entwurf der Auslegungshilfe zu den Risikoträger-Vorschriften der §§ 18 bis 22 IVV haben einen Umfang angenommen, der fast dem Gesamtumfang (!) der bisherigen Auslegungshilfe entspricht.

Ob sich diese Vorgaben wirksam in das nach hier vertretener Auffassung allein maßgebliche Korsett des Arbeitsrecht zwängen lassen (Abschn. 12.1), darf im Bereich individualvertraglicher Regelungen schon mit Blick auf das Transparenzgebot des § 307 Abs. 1 S. 2 BGB bezweifeln werden: Eine Intransparenz kann sich nämlich bereits daraus ergeben, dass eine Regelung an verschiedenen Stellen in den AGB niedergelegt ist, die nur schwer miteinander in Zusammenhang zu bringen sind, oder dass der nachteilige Effekt einer Klausel auf andere Weise durch die Verteilung auf mehrere Stellen verdunkelt wird (Däubler et al. 2014, § 307 Rdnr. 155).

13.1 Systematik der Risikoträgeranalyse

Die Definition des Risikoträgers und des Gruppen-Risikoträgers findet sich in § 2 Abs. 8 IVV.

§ 3 Abs. 1 S. 3 IVV ordnet an, dass bei bedeutenden Instituten der Prozess der Ermittlung der Risikoträger sowie der Gruppen-Risikoträger in die Verantwortlichkeit der Geschäftsleitung fällt, wobei die Kontrolleinheiten im Rahmen ihrer Aufgaben jeweils gemäß § 3 Abs. 3 IVV angemessen zu beteiligen sind.

Die eigentliche Pflicht zur Ermittlung von Risikoträgern ist dann in § 18 Abs. 2 IVV geregelt, während sich die Pflicht zur Ermittlung von Gruppen-Risikoträgern aus § 27 Abs. 2 IVV ergibt.

© Springer Fachmedien Wiesbaden GmbH 2018
J. Jensen, *Die Institutsvergütungsverordnung 3.0*, essentials,
DOI 10.1007/978-3-658-19598-4_13

Die Kriterien, nach denen sich bestimmt, ob ein Mitarbeiter als Risikoträger einzustufen ist, ergeben sich gemäß § 18 Abs. 2 IVV aus Artikel 3 und 4 der Delegierten Verordnung (EU) 604/2014 der Kommission vom 4. März 2014. Wird ein Mitarbeiter trotz Erfüllung der quantitativen Kriterien von Art. 4 Abs. 1 der Delegierten Verordnung nicht als Risikoträger eingestuft, bedarf dies der Zustimmung der Geschäftsleitung und der Kenntnisnahme durch den Aufsichtsrat.

> ▶ Die von bedeutenden Instituten vorzunehmende Risikoanalyse zur Ermittlung von Risikoträgern kann gemäß dem Entwurf der Auslegungshilfe nicht nur wie auch schon bisher schriftlich dokumentiert werden, sondern nunmehr auch elektronisch. Die elektronische Form ist in § 126a Abs. 1 BGB definiert; sie schreibt vor, dass das elektronische Dokument den Namen seines Ausstellers enthält und es mit einer qualifizierten elektronischen Signatur nach dem Signaturgesetz versehen ist. Eine Dokumentation beispielsweise in einer Word-Datei wird nur der Textform gemäß § 126b BGB gerecht, nicht aber der elektronischen Form. Gemäß dem Entwurf der Auslegungshilfe zu § 3 IVV umfasst die Dokumentation der Risikoanalyse auch die Entscheidungsprozesse, die zur Kategorisierung bestimmter Mitarbeiter als Risikoträger oder Nicht-Risikoträger geführt haben, sowie die Einbindung der Kontrolleinheiten und der Geschäftsleitung und ggf. des das Aufsichtsorgan in die Entscheidungsprozesse, wobei nicht nur die Anforderungen an die Risikoanalyse mit zunehmender Größe und Komplexität des Instituts zunehmen, sondern auch die an die Dokumentation.

Bei Einbindung externer Berater in die Risikoanalyse beachte Kap. 15.

Die variable Vergütung von Risikoträgern braucht nach § 18 Abs. 1 IVV weiterhin nicht § 20 und § 22 IVV unterworfen zu werden, wenn ihr Gesamtbetrag 50.000 € nicht erreicht. Die Einhaltung dieser Freigrenze, welche die tatsächliche, nicht aber die theoretisch mögliche Höhe des Gesamtbetrags der variablen Vergütung meint, entbindet ein Institut insbesondere nicht davon, eine Risikoanalyse in Bezug auf alle Mitarbeiter durchzuführen; es handelt sich nur um eine Erleichterung auf Rechtsfolgenseite für Zwecke des anzuwenden Vergütungsregimes.

13.2   Risikoträger: Arbeitnehmer oder leitender Angestellter?

In Bezug auf Risikoträger stellt sich zuallererst die Frage, ob diese Arbeitnehmer im Sinne von § 5 Abs. 1 BetrVG oder leitende Angestellte im Sinne von § 5 Abs. 3 BetrVG sind, weil sich danach richtet, ob sie auch der umfassenden Mitbestimmung des Betriebsrats in Entgeltangelegenheiten (siehe dazu Abschn. 12.1) betroffen sind, ihre variable Vergütung also durch Betriebsvereinbarung zu regeln ist.

Risikoträger unterscheiden sich bereits qua definitionem von dem tradierten Begriff des leitenden Angestellten (so auch Henssler und Lunk 2016, S. 1427). Die im Streitfall für die Beantwortung der Frage nach dem Status als leitender Angestellter zuständigen Arbeitsgerichte tendieren dazu, die Eigenschaft als leitender Angestellter schon ab der dritten Hierarchieebene abzulehnen (BAG Urteil vom 6. Dezember 2001 – 2 AZR 733/00, NJOZ 2002, S. 1788), und zwar selbst bei Bestehen einer Prokura (LAG Baden-Württemberg Beschluss vom 28. Mai 2014 – 4 TaBV 7/13, BB 2014, S. 2298). Insbesondere sind die Leiter der Kontrollfunktionen keineswegs automatisch leitende Angestellte (BAG Beschluss vom 25. März 2009 – 7 ABR 2/08, NJW 2010, S. 313).

Zu Mitwirkungsrechten eines Sprecherausschusses Kap. 5.

Sind – was der Regelfall sein wird – Risikoträger unterhalb der Geschäftsleiterebene nicht als leitende Angestellte anzusehen, kann ein Institut die verschärften Vergütungsregelungen der §§ 18 ff. IVV bei Bestehen eines Betriebsrats gegenüber dem Risikoträger überhaupt erst durchsetzen, wenn eine Betriebsvereinbarung hierzu abgeschlossen worden ist bzw. eine bestehende Betriebsvereinbarung entsprechend geändert wurde.

Erstreckt sich der personelle Anwendungsbereich einer Betriebsvereinbarung, mit der die §§ 18 ff. IVV umgesetzt werden, auf Risikoträger im Sinne der Delegierten Verordnung, ist es ohne weiteres denkbar, dass – jedenfalls für Zwecke der Anwendung der Betriebsvereinbarung – vor den Arbeitsgerichten geklärt werden muss, ob ein Mitarbeiter denn nun Risikoträger ist oder nicht. Ein Urteil binden dann das Institute im Verhältnis zu dem betreffenden Mitarbeiter, und zwar auch dann, wenn die Aufsichtsbehörden eine gegenteilige Auffassung vertreten sollten. Derlei Friktionen sind unvermeidbar, wenn – wie in Deutschland geschehen – die Bankenvergütung unter Aussparung der Arbeitsgesetze ausschließlich aufsichtsgesetzlich ist.

13.3   § 18 Abs. 5 und § 20 Abs. 6 IVV aus arbeitsrechtlicher Sicht

Die Vorschrift des § 18 Abs. 5 S. 3 IVV, der zufolge ein vollständiger Verlust der variablen Vergütung bei Vorliegen bestimmter Szenarien eintreten soll, bereitet arbeitsrechtlich Kopfzerbrechen.

Problematisch ist insoweit vor allem, dass hier leistungsbezogene Vergütung mit Elementen der Arbeitnehmerhaftung (Nr. 1) bzw. mit kündigungsrelevanten Kategorien (Nr. 2) im Sinne von Faktoren miteinander vermischt werden sollen. Derlei Gestaltungen hat das Bundesarbeitsgericht, jedenfalls sofern es um die Verknüpfung zwischen Leistungsbezug und Wirtschaftsrisiko geht, bereits mehrfach eine Absage erteilt (siehe dazu Jensen 2017, S. 495 ff.).

Im Falle des § 18 Abs. 5 S. 3 Nr. 1 IVV stellt sich zudem die Frage einer unangemessenen Benachteiligung eines Mitarbeiters, wenn dieser infolge eines Fehlverhaltens seine komplette variable Vergütung einbüßt, daneben seinem Arbeitgeber wegen desselben Verhaltens aber auch nach den Grundsätzen der Arbeitnehmerhaftung (siehe dazu Schwab 2016, S. 173 ff.) zum Schadensersatz verpflichtet ist.

Letztlich geht es hier um die Frage, ob § 18 Abs. 5 S. 3 und § 20 Abs. 6 IVV mit Blick auf die Vereinbarkeit mit arbeitsrechtlichen Grundsätzen wirksamer Maßstab für eine Rechtskontrolle nach § 75 Abs. 1 BetrVG bzw. für eine Angemessenheitskontrolle nach § 307 Abs. 2 BGB sind. Ist das wie hier vertreten nicht der Fall (Abschn. 12.1), sind Betriebsvereinbarungen und arbeitsvertragliche Abreden, die inhaltlich § 18 Abs. 5 und § 20 Abs. 6 IVV abbilden, im Zweifel bereits aus den eben genannten Gründen unwirksam und entfalten deshalb keine Wirkung im Verhältnis zwischen Institut und Mitarbeiter (siehe auch Kuhn 2017, S. 173).

Selbst aber wenn man aber wenn man Klauseln entsprechend § 18 Abs. 5 S. 3 und § 20 Abs. 6 IVV als wirksam ansehen sollte, ist zu bedenken, dass insbesondere eine Rückforderung bereits ausgezahlter variabler Vergütung stets auch einer Ausübungskontrolle anhand des Maßstabs von § 315 Abs. 1 BGB standhalten muss, d. h. die Rückforderung muss im konkreten Einzelfall auch der Billigkeit entsprechen (vgl. dazu etwa BAG Urteil vom 24. Januar 2017 – 1 AZR 774, NZA 2017, S. 777 sowie Salamon und Wessels 2017, S. 887 f.). Das kann etwa bedeuten, dass die Grundsätze der Arbeitnehmerhaftung bei der Ermittlung des zurückzufordernden Betrags inzident zu berücksichtigen sind.

Den Hinweis der BaFin in dem Entwurf der Auslegungshilfe zu § 20 IVV, dass Institute „unbeschadet" – also „trotz" – der allgemeinen Grundsätze nationalen

Arbeits- und/oder Vertragsrechts imstande sein müssen, Malus- oder Clawback-Vereinbarungen anzuwenden, wirft nach alldem die Frage nach dem Wie auf. Etwa mit Waffengewalt?

13.4   § 19 IVV im Licht von § 87 BetrVG

§ 19 IVV ist – mit Ausnahme der neuen Sätze 3 und 4 in Abs. 1 – nahezu unverändert geblieben. Neu ist im Wesentlichen nur, dass der Bonusbemessungszeitraum nach § 19 Abs. 1 S. 2 IVV mindestens ein Jahr betragen muss. Im Falle von Mitarbeitern unterhalb der Ebene leitender Angestellter unterliegt der Bemessungszeitraum damit der Mitbestimmung nach § 87 Abs. 1 Nr. 10 BetrVG, wobei die einjährige Mindestdauer natürlich nicht unterschritten werden darf.

Laut dem Entwurf der Auslegungshilfe sollen die Betrachtungsebenen nach § 19 Abs. 1 IVV – gemeint ist der Gesamterfolg des Instituts, bei Bestehen einer Gruppe deren Gesamterfolg, der Erfolgsbeitrag der Organisationseinheit des Mitarbeiters und dessen individueller Erfolgsbeitrag grundsätzlich gleich gewichtet werden. Eine Einschränkung der Mitbestimmungsrechte des Betriebsrats geht damit aber nicht einher, weil der im Eingangssatz von § 87 Abs. 1 BetrVG angeordnete Gesetzesvorrang nur durch zwingende Rechtsnormen ausgelöst werden kann (Fitting 2016, § 87 Rdnr. 32), zu denen die Auslegungshilfe nicht gehört. Das bedeutet, dass in Instituten mit Betriebsrat die Bonuskriterien und deren Gewichtung zueinander konkret durch Betriebsvereinbarung zu regeln sind.

Soweit in dem Entwurf der Auslegungshilfe zu § 19 IVV Vorgaben betreffend quantitative und qualitative Risikoadjustierungsparameter gemacht werden, die auch die Bonuspooldotierung betreffen, handelt es sich wiederum um Gegenstände der zwingenden Mitbestimmung nach § 87 Abs. 1 Nr. 10 BetrVG, die bei Bestehen eines Betriebsrats nur in Bezug auf Geschäftsleiter und leitende Angestellte im Sinne von § 5 Abs. 3 BetrVG nicht per Betriebsvereinbarung zu regeln sind.

13.5   § 20 IVV als Katalog der zwingenden Mitbestimmung

Die Vorschrift des § 20 IVV ist in höchstem Maße mitbestimmungsrelevant.

Soweit § 20 Abs. 1 und 2 IVV regeln, dass grundsätzlich mindestens 40 % der variablen Vergütung für mindestens drei Jahre zurückzubehalten sind, unterliegt dies einer zwingenden Mitbestimmung nach § 87 Abs. 1 Nr. 4 und Nr. 10 BetrVG.

Dasselbe gilt in Bezug auf § 20 Abs. 3 IVV, der anordnet, dass in den Organisationsrichtlinien ein Schwellenwert zu definieren ist, ab dessen Erreichen sich die zurückzubehaltende variable Vergütung auf mindestens 60 % erhöht. Wie schon in Kap. 5 dargelegt, hebelt insbesondere die Anordnung der Definition des Schwellenwerts in den Organisationsrichtlinien eines Instituts nicht die Mitbestimmung aus.

Neu ist die Vorschrift des § 20 Abs. 4 Nr. 3 IVV, der zufolge während des Zurückbehaltungszeitraums eine Überprüfung zu erfolgen hat, ob die ursprünglich ermittelte variable Vergütung rückblickend noch zutreffend erscheint. Ist das nicht der Fall, ist die zurückbehaltene variable Vergütung zu reduzieren. Auch hier sind Vergütungsgrundsätze betroffen, die der zwingenden Mitbestimmung nach § 87 Abs. 1 Nr. 10 BetrVG unterliegen.

Dasselbe gilt für die neu eingeführte Sperrfrist von mindestens einem Jahr nach § 20 Abs. 5 S. 2 IVV bzw. von sechs Monaten bei Mitarbeitern unterhalb des Senior Managements (vgl. den Entwurf der Auslegungshilfe zu § 20 IVV).

Auch wenn sich § 20 Abs. 6 S. 1 IVV seinem Wortlaut her zunächst einmal keine Spielräume zulässt, dürfte eine Mitbestimmung in Bezug auf Szenarien, in denen eine variable Vergütung zurückgefordert werden kann, sehr wohl bestehen. Grund hierfür ist, dass § 18 Abs. 5 S. 3 IVV, auf den insoweit verwiesen wird, Spielräume zulässt und deshalb keine Sperrwirkung gemäß dem Eingangssatz von § 87 Abs. 1 BetrVG auslösen dürfte (siehe zur arbeitsrechtlichen Vereinbarkeit bereits Abschn. 13.3).

Der Mitbestimmung des Betriebsrats unterliegt dabei auch unter Beachtung der zweijährigen Mindestgrenze die Länge des Rückforderungszeitraums.

Aus arbeitsrechtlicher Sicht ist zu begrüßen, dass der Verordnungsgeber das noch in der ursprünglichen Konsultationsfassung der IVV 3.0 vorgesehene Prinzip der Sippenhaft aufgegeben und sich in § 20 Abs. 6 S. 2 IVV zu einer periodengerechten Betrachtung durchgerungen hat; alles andere wäre in einem Arbeitsgerichtsverfahren ohnehin nicht durchzusetzen gewesen.

▸ In Bezug auf Risikoträger ist nunmehr auch § 20 Abs. 3 IVV zu beachten, wonach in den Organisationsrichtlinien auch ein Schwellenwert für die jährliche variable Vergütung in angemessener Höhe festzulegen ist, ab dessen Erreichen sich der Anteil der variablen Vergütung, dessen Auszahlung zu strecken ist, auf mindestens 60 % erhöht. Sofern es sich bei dem Risikoträger nicht um einen Geschäftsleiter oder ausnahmsweise um einen leitenden Angestellten (Abschn. 13.2) handelt, unterliegt auch die Definition des Schwellenwerts, der maximal 500.000 € betragen darf, der zwingenden Mitbestimmung nach § 87 Abs. 1 Nr. 10 BetrVG. In Instituten mit Betriebsrat wird der Wert deshalb regelmäßig in einer Betriebsvereinbarung niederzulegen sein.

13.6 § 21 IVV: Ausgleichszahlungen an Risikoträger

§ 21 IVV wird in die von der IVV 3.0 vorgesehene Neuordnung der variablen und fixen Vergütung integriert und regelt nunmehr, dass Ausgleichszahlungen an Risikoträger für entgangene Ansprüche aus vorherigen Beschäftigungsverhältnissen als garantierte variable Vergütung im Sinne von § 5 Abs. 5 IVV (siehe dazu Abschn. 4.4) gelten. Sofern die Verpflichtung zur Ausgleichszahlung vor Beginn der Tätigkeit erfolgt ist, kann diese damit für Zwecke des § 25a Abs. 5 KWG unberücksichtigt bleiben. Die Ausgleichszahlung ist den Anforderungen des § 20 IVV zu unterwerfen, was über die Verknüpfung in § 20 Abs. 4 Nr. 3 IVV auch zu einer Anwendung von § 19 Abs. 2 IVV führt.

Als Ausgleichstätigkeit definiert der Entwurf der Auslegungshilfe zu § 21 IVV nur eine Vergütung für aus der vorzeitigen Beendigung des Voranstellungsverhältnisses erwachsenen wirtschaftlichen Nachteile, wenn die in Rede stehende variable Vergütung allein aufgrund der Vertragsbeendigung bzw. des Endes des Vorbeschäftigungsverhältnisses vom früheren Arbeitgeber verringert oder widerrufen wurde.

Für die durchaus relevante Frage, ob eine solche Verringerung oder ein solcher Widerruf rechtlich überhaupt zulässig und damit wirksam war, scheint sich die BaFin dabei scheinbar nicht zu interessieren. Dies ist insofern bemerkenswert, als eine Flexibilisierung leistungsbezogener Vergütung durch die Verwendung von Treueelementen in Form von Stichtagsklauseln nur noch in eng umgrenzten Ausnahmefällen zulässig ist (BAG Urteil vom 13. November 2013 – 10 AZR 848/12, NZA 2014, S. 368).

Diese Rechtsprechung ist im Bereich der Bankenvergütung eigentlich nur in Bezug auf Ansprüche aus Long Term Incentive Plänen relevant, die zwar eine Auszahlung von einer definierten Verweildauer des Mitarbeiters abhängig machen, gleichzeitig aber regelmäßig Verfallsmöglichkeiten wegen Low Performance vorsehen. Letzteres reicht aus, um LTIPs als leistungsbezogen zu qualifizieren (BAG Urteil vom 3. August 2016 – 10 AZR 710/14, NZA 2016, S. 1334). Scheidet ein Mitarbeiter aufgrund Eigenkündigung aus und geht nach den Planbestimmungen als sogenannter Bad Leaver seiner Ansprüche verlustig, so wird er aufgrund des Bestehens eines Leistungsbezugs Ansprüche jedenfalls in zeitanteiliger Höhe trotzdem einfordern können, notfalls mithilfe der Arbeitsgerichte.

13.7   § 22 IVV: Zusätzliche Leistungen zur Altersversorgung

Zusätzliche Leistungen zur Altersversorgung anlässlich einer nicht ruhestandsbe-
dingten Beendigung des Vertragsverhältnisses eines Risikoträgers müssen nach
§ 20 Abs. 1 IVV künftig zwingend zu 100 % in Form von Instrumenten gewährt
werden, die mindestens fünf Jahre zurückzuhalten sind.

Obwohl Abfindungsleistungen, zu denen durchaus auch Leistungen zur
Altersversorgung gehören können, nicht unter den betriebsverfassungsrechtlichen Lohnbegriff des § 87 Abs. 1 Nr. 10 BetrVG fallen und deshalb außerhalb
von mitbestimmungspflichtigen Sozialplänen nach § 112 BetrVG nicht der Mitbestimmung unterliegen (Richard 2016, § 87 BetrVG Rdnr. 744), wird dies mit
Blick auf § 22 Abs. 3 IVV bei Risikoträgern, die weder Geschäftsleiter noch leitende Angestellte sind, ggf. anders zu beurteilen sein. Nach dieser Vorschrift werden nämlich § 22 Abs. 1 und 2 unter den Vorbehalt von § 7 IVV gestellt. Insoweit
wird auf die Ausführungen in Abschn. 7.1 verwiesen.

§ 27 IVV im Licht der Mitbestimmung 14

Die Anordnung des § 27 Abs. 1 S. 1 IVV, dass ein übergeordnetes Unternehmen einer Gruppe im Sinne des § 10a Abs. 1 KWG (vgl. § 2 Abs. 12 IVV) eine gruppenweite Vergütungsstrategie festzulegen hat, ist für Zwecke des BetrVG insofern relevant, als es sich hierbei um eine Materie im Sinne von § 58 Abs. 1 BetrVG handelt, die im Falle des Bestehens eines Konzernbetriebsrats diesem gemäß zugewiesen ist (so LAG Hamm Beschluss vom 22. März 2016 – 7 TaBV 50/15, Rdnr. 31, juris).

Die Zuständigkeit des Konzernbetriebsrats umfasst dabei sogar Konzernunternehmen, in denen gar kein Betriebsrat besteht (§ 58 Abs. 1 S. 1 2. Hs. BetrVG). Dies ist insofern relevant, als bei Bestehen eines Konzernbetriebsrat nicht zwischen Konzerngesellschaften mit und ohne Betriebsrat differenziert zu werden braucht bzw. genauer gesagt differenziert werden darf.

Ansatzpunkte für eine Differenzierung bestehen sehr wohl aber, soweit die gruppenweite Vergütungsstrategie Geschäftsleiter und leitende Angestellte betrifft, weil diese nicht in den Zuständigkeitsbereich eines Konzernbetriebsrats fallen.

Davon ausgehend, dass eine gruppenweite Vergütungsstrategie nur einen ausfüllungsbedürftigen Rahmen regelt, ist in den einzelnen Konzerngesellschaften innerhalb dieses Rahmens dann wiederum Raum für eine Mitbestimmung auf betrieblicher bzw. überbetrieblicher Ebene in den zwingenden Angelegenheiten des § 87 Abs. 1 BetrVG. Zu den Einzelheiten der Verteilung der Zuständigkeit zwischen örtlichem Betriebsrat, Gesamtbetriebsrat und Konzernbetriebsrat vgl. Salamon (2013, S. 708 ff.).

© Springer Fachmedien Wiesbaden GmbH 2018   45
J. Jensen, *Die Institutsvergütungsverordnung 3.0*, essentials,
DOI 10.1007/978-3-658-19598-4_14

Die aufsichtskonforme Auswahl externer Berater

Dieses *essential* dürfte Beweis genug sein, dass die Vergütungssysteme von Banken eine extrem komplexe, schwierige und letztlich auch haftungsträchtige Materie sind, die maßgeblich durch das individuelle und kollektive Arbeitsrecht, das Dienstrecht, die Rechtsprechung des Bundesarbeitsgerichts zu Sonderzahlungen und zur AGB-Kontrolle sowie natürlich auch durch das Aufsichtsrecht in Gestalt des KWG und der IVV geprägt ist.

Vor diesem Hintergrund ist es umso erstaunlicher, dass Beratung im Bereich der Bankenvergütung nur von vergleichsweise wenigen Anwaltskanzleien, dafür aber von umso zahlreicheren nichtanwaltlichen Marktteilnehmern (sog. Vergütungsberater) angeboten wird. Zur letzteren Kategorie gehören natürliche Personen, nationale und internationale Unternehmen aus so unterschiedlichen Bereichen wie Personal-, Unternehmens- und Risikoberatung sowie vereinzelt auch Wirtschaftsprüfungsgesellschaften. Ihnen allen ist gemeinsam, dass sie zumeist umfassend im Bereich der hochregulierten und rechtlich überaus komplexen Bankenvergütung beraten, ohne als Rechtsanwalt bzw. als Rechtsanwaltsgesellschaft zugelassen zu sein. Die Höhe der Stundensätze der Vergütungsberater ist dabei durchaus selbstbewusst und bewegt sich auf ähnlichem Niveau wie diejenigen von spezialisierten Rechtsanwaltskanzleien.

Sofern sich Institute oder von der IVV betroffene Unternehmen im Vergütungsbereich extern beraten lassen wollen, kann – ggf. auch gleichzeitig – sowohl die Einschaltung von Anwälten als auch die Einschaltung von Vergütungsberatern sinnvoll sein. Für Zwecke dieser Entscheidung empfiehlt es sich jedoch, genau zu differenzieren, ob Rechtsdienstleistungen oder wirtschaftliche Beratungsleistungen bezogen werden sollen.

© Springer Fachmedien Wiesbaden GmbH 2018
J. Jensen, *Die Institutsvergütungsverordnung 3.0*, essentials,
DOI 10.1007/978-3-658-19598-4_15

▶ Rechtsdienstleistung ist jede konkrete Subsumtion eines Sachverhalts unter
die maßgeblichen rechtlichen Bestimmungen, die über eine bloß schematische
Anwendung von Rechtsnormen ohne weitere rechtliche Prüfung hinausgeht; ob
es sich um eine einfache oder schwierige Rechtsfrage handelt, ist unerheblich
(BGH Urteil vom 14. Januar 2016 – I ZR 107/14, BB 2016, S. 1410). Danach ist
sogar schon die Berechnung des durch eine Textilreinigung verursachten Scha-
dens an dem Oberhemd eines Kunden eine Rechtsdienstleistung (BGH a. a. O.).

Geht es um Fragen des sog. Benchmarkings (z. B. Definition von Gehaltsbändern,
Marktgehaltsanalysen), ist sicherlich der Vergütungsberater die richtige Wahl.
Dasselbe gilt in Bezug auf die Bewertung von außertariflichen Positionen und
Funktionen nach selbst entwickelten abstrakten Kriterien für Vergütungszwecke.

Soweit es dagegen um die Subsumtion von Rechtsnormen geht, aus denen
die IVV ausschließlich besteht, empfiehlt sich dagegen die Mandatierung eines
Rechtsanwalts. Grund hierfür ist, dass Vergütungsberatern eine Erbringung von
Rechtsdienstleistungen gemäß § 5 Abs. 1 Rechtsdienstleistungsgesetz (RDG)
nur bei Erbringung einer wirtschaftlichen Hauptleistung erlaubt ist, zu der die
rechtliche Nebenleistung zudem in einem sachlichen Zusammenhang stehen
muss (siehe dazu ausführlich Jensen und Klösel 2016, S. 402). An einem solchen
Zusammenhang fehlt es von vornherein, wenn die Rechtsdienstleistung auch iso-
liert erbracht werden kann (BGH Urteil vom 4. November 2010 – I ZR 118/09,
WM 2011, S. 1772).

Sind – wie im Bereich der Bankenvergütung *natürlich* der Fall – komplexe
rechtliche Überlegungen notwendig, welche die Notwendigkeit eines Rechtsanwalts erfordern, können Rechtsdienstleistungen nicht als zulässige Nebenleis-
tungen angesehen werden (Kleine-Cosack 2017, S. 710). Sie können daher von
Dienstleistern ohne Anwaltszulassung nicht erbracht werden, ohne gegen das
RDG zu verstoßen.

Angesichts der extrem hohen Regelungsdichte der IVV ist davon auszugehen, dass bereits die Grundkonzeption eines Vergütungssystems einer Bank –
egal ob man hier von Design, Entwicklung oder Vorarbeit spricht – den Begriff
der Rechtsdienstleistung erfüllt, und nicht erst deren sukzessive Erfassung und
Umsetzung in einem Vertragstext. Eine bloß schematische Anwendung, der keine
weitere rechtliche Prüfung vorausgeht, ist nämlich angesichts des engen Korsetts
der IVV schlichtweg nicht möglich. Im Falle von Vergütungssystemen, die keinen regulatorischen Besonderheiten unterliegen, wie etwa demjenigen eines nicht
tarifgebundenen Großhandelsunternehmens, wird man dies womöglich anders
sehen können.

Abseits der Konzeption von Vergütungssystemen einer Bank sind ferner auch Gap-Analysen, die Risikoträgeranalyse, die Gestaltung von Vergütungsregelungen in Arbeitsverträgen und Kollektivvereinbarungen, die Vertretung von Instituten gegenüber der Bankenaufsicht im Rahmen von Sonderprüfungen nach § 44 KWG, Selbsteinschätzungen gemäß § 17 IVV, die Erstattung von Gutachten gemäß § 14 Abs. 2 IVV, jährliche Angemessenheitsüberprüfungen gemäß § 12 Abs. 2 IVV sowie sämtliche Beratung im Zusammenhang mit Fragen der Vergütungsgovernance und der Gruppenvorschrift des § 27 IVV typische Rechtsdienstleistungen, die Vergütungsberatern auch nicht ausnahmsweise gemäß § 5 Abs. 1 RDG erlaubt sind (siehe dazu im Einzelnen Jensen und Klösel 2016, S. 402 f.).

> ▶ Rechtsdienstleistungen im Bereich der Bankenvergütung, deren Erbringung das RDG nur Rechtsanwälten erlaubt, sind u. a. die Gap-Analyse, die Gestaltung von Vergütungssystemen, die Gestaltung von Klauseln in Arbeitsverträgen und Kollektivvereinbarungen, die Risikoträgeranalyse, die jährliche Angemessenheitsprüfung der Vergütungssysteme, die Unterstützung bei Selbsteinschätzungen sowie auch Begutachtungen nach § 14 Abs. 2 IVV.

In einer Replik auf den Beitrag von Jensen und Klösel äußerte sich in der Juni-Ausgabe der Zeitschrift Compliance-Berater ein Vergütungsberater und postulierte – erwartungsgemäß – eine Interpretation des RDG, die von wenigen Ausnahmen abgesehen auf eine umfassende Rechtsberatungsbefugnis von Vergütungsberatern hinausläuft, obwohl eine solche nach § 2 Abs. 1 Bundesrechtsanwaltsordnung (BRAO) allein dem Stand der Rechtsanwälte vorbehalten ist.

Abgesehen davon, dass sich das in der Replik vertretene Verständnis des RDG schon nicht mit der Rechtsprechung des Bundesgerichtshofs (s. o.) deckt, sollte man zudem auch wissen, dass das Vergütungsberatungsunternehmen, dem der Autor der Replik angehört, laut Auskunft der Rechtsanwaltskammer Frankfurt am Main erst im Mai 2016 wegen der Bewerbung RDG-widriger Beratungsleistungen im Vergütungsbereich abgemahnt worden ist und in diesem Zuge sogar eine Unterlassungserklärung abgegeben hat (RAK Frankfurt am Main, Az. VR 587/16 Z).

Damit befindet sich das betreffende Unternehmen übrigens in bester Gesellschaft: Im Dezember 2016 wurde nämlich ein weiterer Vergütungsberater, der umfassende Dienstleistungen explizit betreffend die IVV beworben hatte, von der Rechtsanwaltskammer Düsseldorf abgemahnt (RAK Düsseldorf, Az. RDG 29/2016). Auch dieses Verfahren mündete in einer Unterlassungserklärung, mit deren Abgabe der Betreffende einer Lauterkeitsklage der Kammer entging.

Egal für welchen externen Dienstleister sich Institute bei der Beauftragung externer Berater in Angelegenheiten der IVV letztlich entscheiden, sollte stets beachtet werden, dass es sich bei den Vorschriften des RDG um einen objektiven Rechtsmaßstab handelt. Es hilft einem Institut also nicht weiter, wenn zwar sein Berater die persönliche Auffassung vertritt, nicht gegen das RDG zu verstoßen, dies objektiv aber sehr wohl der Fall ist.

▶   Gemäß § 2 Abs. 1 BRAO ist der Rechtsanwalt der berufene unabhängige Berater und Vertreter in allen Rechtsangelegenheiten. Nur die Mandatierung eines Rechtsanwalts ist Gewähr für den Bezug RDG-konformer Leistungen, während die Befassung von Nichtanwälten mit rechtlichen oder auch nur rechtsnahen Angelegenheiten stets die Gefahr der Entgegennahme von Leistungen unter Verstoß des RDG innewohnt.

Die Beachtung des RDG durch ein Institut ist dabei kein Selbstzweck, sondern sogar aufsichtsrechtlich relevant, weil die Compliance und auch das Risikomanagement eines Instituts durch den Bezug RDG-widriger Dienstleistungen betroffen sein können (vgl. Hanefeld 2017, S. 21). Hintergrund hierfür ist insbesondere, dass Beratungsverträge, die gegen das RDG verstoßen, im Zweifel gemäß § 134 BGB insgesamt unwirksam sind, und dass im Zweifel auch eine im Falle von Fehlberatungen eine vom Dienstleister abgeschlossene Berufshaftpflicht nicht eintritt (Hanefeld a. a. O.; ebenso Römermann 2011, S. 888).

Daneben können die Geschäftsleiter unter dem Gesichtspunkt des Auswahlverschuldens sogar eine persönliche Haftung gegenüber dem von ihnen geleiteten Institut für eventuelle Schäden treffen, die aus der Entgegennahme RDG-widriger Beratungsleistungen resultieren (Jensen und Klösel 2016, S. 405).

Zusammenfassung

Die Beachtung des RDG im Zusammenhang mit Vergütungsberatung ist mit Blick auf die für alle Kapitalgesellschaften geltende Legalitätspflicht wichtig, also die Pflicht, im Einklang mit Recht und Gesetz zu handeln. Hinzu kommt eine aufsichtsrechtliche Relevanz. Geschäftsleiter können sich sogar unter dem Gesichtspunkt des Auswahlverschuldens persönlich haftbar machen, wenn sie externe Berater ohne die Formalqualifikation eines Rechtsanwalts rechtliche Hauptleistungen für das von ihnen geleitete Institut erbringen lassen.

Was Sie aus diesem *essential* mitnehmen können

- Die IVV 3.0 ist eine Blaupause für Vergütungssysteme aus bankenaufsichts-rechtlicher Sicht.
- Praktisch sind Vergütungssysteme aber Resultat der Mitbestimmung.
- Externe Berater sollten im Licht des Aufsichtsrechts und des RDG ausgewählt werden.

© Springer Fachmedien Wiesbaden GmbH 2018
J. Jensen, *Die Institutsvergütungsverordnung 3.0*, essentials,
DOI 10.1007/978-3-658-19598-4

Literatur

Annuß G (2014) Risikomanagement und Vergütungspolitik – Die Institutsvergütungsverordnung aus arbeitsrechtlicher Sicht. NZA-Beilage 2014:121–127

Annuß G, Früh A, Hasse A (2016) Institutsvergütungsverordnung Versicherungsvergütungsverordnung. Beck, München

Ascheid R, Preis U, Schmidt I (2017) Kündigungsrecht. Beck, München

Däubler W, Bonin B, Deinert O (2014) AGB-Kontrolle im Arbeitsrecht. Verlag Franz Vahlen, München

Diller M, Arnold C (2011) Vergütungsverordnungen für Banken und Versicherungen: Pflicht zum Mobbing? ZIP 2011: 837–845

Fitting K (2016) Betriebsverfassungsgesetz. Verlag Franz Vahlen, München

Franzen M (2017) Anwendungsfragen des Auskunftsanspruchs nach dem Entgelttransparenzgesetz (EntgTranspG). NZA 2017:814–819

Gerdes-Renken CV (2014) Die Umsetzung aufsichtsrechtlicher Anforderungen an Vergütungssysteme in Instituten und Versicherungsunternehmen aus Sicht des Arbeits- und Dienstvertragsrechts. Peter Lang Verlag, Frankfurt a. M.

Goepfert B, Rottmeier D (2015) Prophylaktische medizinische Untersuchungen im laufenden Arbeitsverhältnis – Praxishinweise. BB 2015:1912–1914

Hanefeld K (2017) Versicherungsmakler – Urteil des Bundesgerichtshofs zur Schadensregulierung. BaFin J 2017(2):19–23. www.bafin.de

Henssler M, Lunk S (2016) Leitende Angestellte und das Arbeitszeitrecht – Betrachtungen de lege lata und de lege ferenda. NZA 2016:1425–1430

Jensen J (2011) Arbeitsvertragsklauseln gegen betriebliche Übungen – was geht noch? NZA-RR 2011:225–231

Jensen J (2014) Jahresverlust und variable Vergütung – Banken im Spannungsfeld zwischen Institutsvergütungsverordnung und Arbeitsrecht. BB 2014:2869–2873

Jensen J (2016) Ermessensbonus und Jahresverlust – Kommentar zum Urteil des LAG München v. 3. März 2016 – 3 Sa 1033/15. BB 2016:2112

Jensen J (2017) Bonusregelungen und Zielvereinbarungssysteme. In: Maschmann F (Hrsg) Total Compensation – Handbuch der Entgeltgestaltung. Deutscher Fachverlag, Frankfurt a. M., S 482–511

Jensen J, Klösel D (2016) § 3 Rechtsdienstleistungsgesetz: Vergütungsberater als Compliance-Risiko. CB 2016:401–405

© Springer Fachmedien Wiesbaden GmbH 2018
J. Jensen, *Die Institutsvergütungsverordnung 3.0,* essentials,
DOI 10.1007/978-3-658-19598-4

Joost D (2009) Mitwirkung der leitenden Angestellten. In: Richardi R, Wlotzke O, Wiß-
mann H, Oetker H (Hrsg) Münchener Handbuch zum Arbeitsrecht, Bd 2. Beck, Mün-
chen
Kleine-Cosack M (2017) Das Recht der Rechtsdienstleistung im Wandel. AnwBl
2017:702–712
Kuhn PM (2017) Die neue Institutsvergütungsverordnung – im Widerstreit mit dem
Arbeitsrecht. CCZ 2017:171–175
Löw H-P, Glück A (2015) Vergütung bei Banken im Spannungsfeld von Arbeits- und Auf-
sichtsrecht. NZA 2015:137–142
Neufeld T, Knitter J (2013) Mitbestimmung des Betriebsrats bei Compliance-Systemen.
BB 2013:821–826
Oetker H (1990) Das Arbeitsentgelt der leitenden Angestellten zwischen Individualautono-
mie und kollektiver Interessenvertretung. BB 1990:2181–2187
Richardi R (2014) Mitbestimmung bei der Entgeltgestaltung. In: NZA-Beilage 2014:155–
159
Richardi R (2016) Betriebsverfassungsgesetz. Beck, München
Riesenhuber K (2005) Turboprämien – Abfindung bei Verzicht auf Kündigungsschutzklage
in Sozialplan und Betriebsvereinbarung. In: NZA 2005:1100–1102
Römermann V (2011) Illegale Rechtsberatung bei betrieblicher Altersversorgung. NJW
2011:884–889
Salamon E (2013) Strategien im Zusammenhang mit der Zuständigkeitsverteilung zwi-
schen Betriebs-, Gesamtbetriebs- sowie Konzernbetriebsrat. NZA 2013:708–713
Salamon E, Wessels N (2017) Variable Vergütung aufgrund einseitiger Leistungsbestim-
mung in der Praxis. BB 2017:885–889
Sammet S (2013) Versicherungs-Vergütungsverordnung. Verlag Versicherungswirtschaft,
Karlsruhe
Säcker FJ (2013) Die stillschweigende Willenserklärung als Mittel zur Schaffung neuen
und zur Wiederentdeckung alten Rechts. BB 2013:2677–2683
Schwab B (2016) Haftung im Arbeitsverhältnis – 1. Teil: Die Haftung des Arbeitnehmers.
NZA-RR 2016:173–179
Waltermann R (2016) „Ablösung" arbeitsvertraglicher Zusagen durch Betriebsvereinba-
rung? RdA 2016:296–304
Willemsen HJ (2013) Sinn und Grenzen des gesetzlichen Sozialplans. RdA 2013:166–176
Wisskirchen G, Schwindling J (2017) Variable Vergütungsstrukturen für digitale Arbeitneh-
mer – Zielvereinbarungen und Zielvorgaben für alle?. ArbRAktuell 2017:155–158
Zeppenfeld G, Fries S (2015) In dubio pro Einigungsstellenspruch? – Praktische Aus-
wirkungen des Verfahrens nach § 76 V 4 BetrVG am Beispiel des Sozialplans. NZA
2015:647–651

Printed in the United States
By Bookmasters